쉽게 기르는
실내식물
TheIndoorPlantBible
140

쉽게 기르는 실내식물 140

The Indoor Plant Bible

지은이 **도테 니센**　옮긴이 **권혜진 · 심명선**

J&P

쉽게 기르는 실내식물 140

지은이 | 도테 니센
옮긴이 | 권혜진, 심명선
펴낸이 | 한병화
펴낸곳 | J&P

초판 1쇄 | 2006년 1월 10일
초판 3쇄 | 2010년 12월 31일

출판등록 | 2003년 12월 2일(제300-2003-214호)
주소 | 서울시 종로구 평창동 296-2
전화 | (02)396-3040~3
팩스 | (02)396-3044
전자우편 | webmaster@yekyong.com
홈페이지 | http://www.yekyong.com

ISBN 978-89-90651-20-4(13480)

The Indoor Plant Bible
by Dorte Nissen
Copyright ⓒ 2005 Quarto Publishing plc.
Korean Translation Copyright ⓒ 2006 Joy & Pleasure Press

All rights reserved.
The Korean language edition published by arrangement with Quarto Publishing plc., London through Agency-One, Seoul.

이 책의 한국어판 저작권은
에이전시 원을 통해 Quarto Publishing plc.와의 독점 계약으로
도서출판 J&P에 있습니다.
신저작권법에 따라 한국에서
보호를 받는 저작물이므로
무단전재와 복제를 금합니다.

차례

8	이 책을 보는 법
11	**실내식물 돌보기**
27	**식물사전**
28	아부틸론
30	아칼리파
32	아데니움
34	아디안텀
36	에크메아
38	에스키난서스
39	용설란
40	아글라오네마
42	알라만다
44	알로카시아
46	알로에
48	캥거루발톱
50	안스리움
52	아펠란드라
54	쥐꼬리선인장
56	아라우카리아
58	백량금
60	아스파라거스
61	엽란
62	파초일엽
63	뷰카르네아
64	엘라티올 베고니아

66	렉스 베고니아
68	부겐빌레아
70	부바르디아
72	천사의 나팔꽃
73	칼라디움
74	칼라데아
75	병솔나무
76	캄파뉼라
78	관상고추
80	귀면각기둥선인장
82	러브체인
84	테이블야자
86	접란
87	아레카야자
88	미니 포도담쟁이
90	레몬
92	클레마티스
94	클레로덴드롬
96	군자란
98	크로톤
99	커피나무
100	콜룸네아
101	크라슐라
102	소철
104	시클라멘
105	심비디움
106	시페루스
108	덴드로비움
110	디펜바키아
112	드라세나 마지나타
113	금호
114	에피프레넘
115	꽃기린
116	포인세티아
118	유포르비아 티루칼리
119	채운각
120	엑사쿰
121	팔손이
122	벤자민 고무나무
124	좁은잎 고무나무

126	겨우살이 고무나무
128	떡갈잎 고무나무
130	환금감
132	후크시아
134	치자나무
136	거베라
138	글로리오사
140	구즈마니아
142	헤데라
144	하와이 무궁화
146	아마릴리스
148	켄차 야자
149	호야
150	수국
151	자스민
152	골풀
154	새우풀
156	선녀무
158	칼랑코에
160	마다가스카르 바위솔
161	월계수
162	호주 매화
164	노미옥
165	루디시아 디스컬러
166	만데빌라
168	마란타
170	밀토니아
172	몬스테라
174	은매화
176	나막신꽃
178	네오레겔리아
180	벌레잡이통풀
181	보스톤 고사리
182	방울풀
183	올리브
184	온시디움
186	오니소갈럼
187	사랑초
188	파키라
189	파피오페딜룸
190	시계초
192	리갈제라늄

194	제라늄	236	스파티필럼
196	펠라에아 로툰디폴리아	238	마다가스카르 자스민
198	수박 페페로미아	240	스트렙토카푸스
199	페페로미아 카페라타	242	싱고니움
200	페리칼리스	244	틸란드시아
202	호접란	245	브라질 달개비
204	필로덴드론 에루베스켄스	246	브리세아
206	필로덴드론 스칸덴스	248	무자 유카
207	박쥐란	249	소철 고사리
208	고사리 아랄리아	250	칼라
209	둥근잎 아랄리아		
210	프리뮬라 오브코니카	252	용어풀이
211	관음죽	254	찾아보기
212	아잘레아	256	일러두기
213	분화장미		
214	아프리칸 바이올렛		
216	산세베리아		
218	바위취		
220	쉐플레라		
222	크리스마스 선인장		
224	스킨답서스		
226	세듐 부리토		
228	세네시오		
230	글록시니아		
232	예루살렘 체리		
234	솔레이롤라이		

이 책을 보는 법

이 책은 손쉽게 최대한의 정보를 얻을 수 있도록 구성했다. 1장에서는 물을 주는 요령, 화분에 식물 심는 방법, 번식시키는 방법 등 식물을 건강하고 아름답게 기르기 위한 일반적인 지식을 소개한다.

2장에서는 실내에서 기르기에 적합한 식물 140여 종을 학명 순으로 소개했다. 각 식물에 대해서 간결하고 읽기 쉬운 형태로 설명하였고, 252쪽의 용어풀이에서는 익숙하지 않은 식물학 용어를 풀이했다.

기호를 이용하여 실내식물에 이상적인 생장조건을 정리하였다. 기호 설명은 다음 쪽에 실었다. 접혀 있는 253쪽을 펼쳐 놓으면 기호 설명을 쉽게 찾아 대조하며 책을 볼 수 있다.

과명

일반명

학명

실내식물의 건강한 색과 모양을 사진으로 보여준다.

식물에 대한 정보 : 식물에 대한 묘사와 원산지, 생장하기 적합한 빛, 온도, 비료 조건에 대해 설명한다. 특별관리가 필요한 부분을 알려주며, 종과 품종에 대한 설명과 번식시키는 방법이 나와 있다. 온도는 섭씨로 표시했다.

기호 설명

식물 분류

 관엽식물

 꽃 피는 식물

 덩굴성 식물

 열매가 열리는 식물

 교목

빛

 직사광

 간접광

 그늘

외풍 내성

 외풍을 견딤

 외풍을 견디지 못함

물 주기

 분무함

 물에 담금

 로제트 통 안에 물을 줌

 특별한 요구가 없음

아래 기호들은 계절별로 표시했다.

 물을 규칙적으로 줌

 물을 가끔 줌

 물을 주지 않음

비료

 규칙적으로 비료를 줌

 비료를 주지 않음

꽃 피는 계절

 꽃이 핌

 꽃이 피지 않음

최저온도

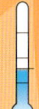 -10℃   식물이 견딜 수 있는 최저온도를 나타냄

1장
실내식물 돌보기

실내에 적합한 식물을 고르고 건강하게 기르는 것은 어렵지 않다. 이 장에서는 자신의 환경에 적당한 식물을 고르는 방법을 소개하고 물과 비료를 주는 방법을 살펴보기로 한다. 화분에 심기, 전정, 번식 기술을 설명하고, 실내식물에 자주 나타나는 문제점을 해결하는 방안도 소개한다.

어떤 식물을 기를까?

실내식물을 고를 때는 개인적 취향에 맞는지, 집안 인테리어와 어울리는지, 공간은 충분한지를 고려해야 한다. 또한 식물을 돌볼 수 있는 시간이 어느 정도 나는지 생각해야 한다. 너무 바빠서 시간을 내기 어렵다면 매일 물을 줘야 하는 식물은 곤란하다. 오랜 기간 식물을 잘 기르고 싶다면 집안 환경에 적합한 식물을 선택해야 한다. 아래의 체크 항목을 사용하면 적당하고 품질 좋은 식물을 선택하고 구입하는 데 도움이 될 것이다. 식물을 어디서 구입할지 신중하게 결정하라. 구입하기 전에 제대로 돌보지 않은 식물이라면 수명이 짧을 것이다. 말라 죽은 흔적이나 가장자리가 갈변된 흔적이 없고, 잎이 제 색상을 띠며, 부러진 잎이 없어야 건강한 식물이다. 꽃 피는 식물의 경우 아직 피지 않은 봉오리가 많은 것이 좋다. 봉오리가 적으면 앞으로 꽃이 피어 감상할 수 있는 기간이 짧다. 또한 식물의 전체적인 모습이 아름다워야 한다.

에피프레넘

체크할 항목

- 식물에 이름표가 있는가? 이름표에는 식물의 이름과 기르는 방법에 대한 설명이 있어야 한다.
- 화분의 흙이 건조한가? 화분의 흙이 건조하다면 제대로 돌보지 않은 식물이므로 구입하지 않는다.
- 빛이 얼마나 필요한가? 충분한 빛이 필요한 식물일지도 모른다.
- 물이 얼마나 필요한가? 여름철에는 매일 물을 줘야 할 수도 있다.
- 물을 주지 않고도 식물이 얼마나 견딜 수 있는가?
- 식물이 요구하는 온도는 몇 도인가? 일반적인 실내 온도에서 살지 못할 수도 있다.
- 식물에 독성이 있는가? 가정에 어린이가 있다면 반드시 고려해야 할 사항이다.
- 특별히 관리해야 하는 사항이 있는가?
- 기르기 쉬운가? 어려운가?
- 잎의 앞뒤를 모두 살펴보라. 해충이나 질병의 흔적이 있는지 확인하라.

◀ 식물 운반
식물을 선택하여 구입하면, 비닐 등으로 포장하여 식물을 보호한다. 이러한 포장으로 추위와 강한 햇빛 등으로부터 식물을 보호할 수 있으며, 흠이 나는 것도 막을 수 있다. 너무 높거나 낮은 온도에 두면 식물이 해를 입을 수 있으므로 춥거나 더운 차 안에 식물을 방치하지 않는다.

꽃기린

온도

실외에서 자라는 식물은 넓은 범위의 온도에 노출된다. 한편 현대의 집은 난방시설이 잘 되어 있어 20-23도 정도로 일정한 온도를 유지한다. 열대, 아열대 원산의 식물은 18-20도 정도에서 기르는 것이 좋으며, 아열대가 원산지인 식물들은 온도가 낮아지는 겨울철에는 휴면기에 들어간다. 온대성 식물의 대부분은 실내보다 낮은 온도를 선호하며, 겨울철 서리에도 견딘다. 온대성 식물은 겨울철에 실내에서 키우면 실외에서 키울 때보다 꽃이 피어 있는 기간이 짧아진다.

실내 온도는 일정하지 않을 수 있으므로, 식물을 배치할 때 반드시 이를 염두에 두어야 한다. 손님방 같은 경우 조금 추울 것이다. 난방기 주변은 온도가 높고 매우 건조하므로 난방기 근처에 식물을 두지 않는다. 남향 창가는 강한 직사광이 바로 들어오므로 온도가 높아져 식물이 말라 죽을 수 있다. 문이나 창문을 열어두면 바깥의 찬 공기가 들어와 온도가 급격히 떨어지는데, 어떤 실내식물은 급격한 온도 하강을 견디지 못하고 죽기도 한다.

식물 대부분이 온도에 대한 내성이 강한 편이지만, 고온이나 저온에 서서히 적응을 시키는 것이 중요하다. 각 식물이 좋아하는 온도는 2장에 실었다.

휴면기

대부분의 실내식물은 겨울철에 생장을 쉬며, 이 휴면기에 필요한 온도의 조건은 2장에 식물별로 설명했다. 낮은 온도를 좋아하는 온대성 식물은 정원에서 겨울을 지낼 수 있는데, 정원에서 겨울을 날 경우 8월 전에 화분에서 땅으로 옮겨 심어 뿌리가 겨울이 되기 전에 서서히 낮은 온도에 적응할 수 있도록 해준다.

평균 25°C
따뜻함
18°C 이상 되는 따뜻한 곳에서 잘 자라는 식물

평균 20°C
따뜻하며 서늘함
15-25°C 범위의 온도에서 잘 자라는 식물

평균 10°C
서늘함
15°C 이하의 서늘한 곳에서 잘 자라는 식물

빛

빛은 식물에게 필수적인 것으로 빛에 대한 요구도는 식물이 자란 환경에 따라 다르다. 선인장이나 다육식물처럼 사막에서 자란 식물은 강한 직사광 아래에서 자라는 반면, 페페로미아 같은 열대우림의 식물은 매우 적은 빛으로도 자란다.

식물은 빛의 강도와 쪼이는 기간에 영향을 받는다. 대부분의 열대, 아열대 식물은 생장을 위해 12-16시간 정도의 빛이 필요하다. 북쪽 지방의 겨울철에는 해가 떠 있는 시간이 7-8시간 정도이고 빛의 강도도 낮으므로, 이들 식물이 생장하기 어려운 조건이다. 따라서 실내식물을 겨울철에 기를 때에는 창문 가까이에 식물을 배치하고, 인공광을 이용하여 빛을 쪼인다. 아열대 원산의 식물을 겨울철 추운 지역에서 기르면 휴면기에 들어가게 된다. 실내에서 식물을 기르는 경우 빛이 있고 서늘한 장소에서 건조하게 유지하면 식물이 겨울철 휴면에 들어간다.

장일성, 단일성, 중일성 식물

일반적으로 꽃 피는 식물은 관엽식물에 비해 빛이 더 많이 필요하다.

꽃봉오리 형성은 해의 길이에 의해 좌우되는데, 장일성 식물은 일정 기간 동안 하루 12시간 이상 빛을 받아야 꽃이 피는 식물이다. 단일성 식물의 꽃봉오리는 하루 12시간 이하의 빛을 받아야 만들어진다.

중일성 식물은 하루에 받는 빛의 양에 관계없이 꽃이 피는 식물을 말한다. 꽃봉오리는 식물이 일정 나이에 도달하면 생성되며, 서늘한 온도에서 토양을 건조하게 하면 꽃봉오리 생성을 촉진할 수 있다.

이 책에서 빛 선호도는 직사광, 간접광, 그늘진 곳으로 표현하였다.

직사광

직사광이 필요한 식물은, 남쪽을 향한 창문 근처에 거의 하루 종일 놓아 두어야 한다. 동쪽이나 북쪽을 향한 창문에 놓아도 직사광을 받을 수는 있으나, 시간이 짧다. 직사광은 창문에서 1m 떨어진 곳까지

들어온다. 어떤 식물은 직사광을 받으면 칼랑코에 잎처럼 잎이 붉게 변하므로 주의한다.
대부분의 실내식물은 서쪽이나 동쪽을 향한 창문 근처에 배치하는 것이 좋고, 여름철 남향 창문가에서 직사광을 견딜 수 있는 식물은 얼마 되지 않는다.

간접광

햇빛이 들어오는 창문에서 1m-1.5m 떨어진 곳까지 들어오는 빛이며, 커튼이나 나무를 통해서 햇빛이 들어오는 경우 창문에서 1m 떨어진 장소에서 받는 빛도 해당된다. 대부분의 실내식물은 간접광을 선호한다.

그늘진 곳

햇빛이 들어오는 창문에서 1.5-2m 떨어진 장소를 말하며, 북쪽을 향한 창문 근처도 해당된다. 그늘진 곳에 들어오는 빛의 양은 직사광의 1/4 정도이다.

빛이 거의 없음

창문에서 2m 이상 떨어진 장소에는 빛이 거의 들어오지 않는다. 사람이 살기에는 적합하지만 식물이 생활하기에는 빛의 강도가 매우 부족하여 식물이 살아남기 어려운 장소라 할 수 있다. 이곳에 식물을 놓고 기르려면 인공광을 이용하여 빛을 공급해주어야 한다.

인공광

실내식물용 백열전구는 정원용품점이나 수족관용품점에서 구입할 수 있다. 최고의 효과를 얻기 위해서는 식물로부터 30-50cm 떨어진 곳에 인공광을 설치한다. 빛이 거의 없는 장소라면 관엽식물의 경우에는 하루 12-16시간 정도 인공광을 켜주고, 꽃 피는 식물의 경우에는 하루 16-18시간 인공광을 켜준다.

물 주기

물은 모든 식물에 꼭 필요하다. 물을 자주 줘야 하는 식물도 있지만 다육식물이나 선인장은 물이 없어도 몇 달을 견딜 수 있으며 오히려 물을 많이 주면 죽는다.

식물에 적합한 물
물은 실온의 미지근한 상태로 공급해야 한다. 차가운 물은 식물의 뿌리, 잎, 꽃을 상하게 할 우려가 있다. 그리고 석회 성분이 없어야 한다. 수돗물에는 석회 성분이 들어 있으며 석회 때문에 상하는 식물도 있다. 이러한 식물에는 빗물이나 끓여서 식힌 물과 같은 연수(단물)를 준다.

물 주는 방법
각 식물 설명서에는 물 주는 방법에 대한 특별한 지시사항이 표시되어 있다. 물은 화분 바닥에 있는 배수구멍에 스며 나올 정도로 준다. 대부분의 식물에는 화분에 물이 고여 있는 것이 좋지 않으므로, 물을 주고 나서 5분 후에 받침에 있는 물을 버린다. 그러나 습지식물은 오히려 물이 고여 있는 것을 잘 견디고 좋아하며 이들은 항상 촉촉하게 유지해야 한다.
수분이 너무 많거나 부족하면 식물이 약해지므로 항상 적절한 양의 물을 공급해줘야 한다. 집에서 키우는 식물들은 주로 수분이 과다해서 죽는다.

▲ 잎이 큰 관엽식물들은 잎을 깨끗이 닦는다. 따뜻한 우유를 이용하여 닦으면 자연스러운 광택을 갖게 된다.

토양을 항상 촉촉하게 유지하기
어떤 식물들은 건조하면 낙엽이나 낙화현상이 나타난다. 이런 식물들은 여러 번 충분히 물을 줘야 하며, 여름철에는 매일 주는 것이 좋다. 화분의 흙이 항상 촉촉하도록 관리하고, 토양 표면이 건조해지지 않도록 주의한다.

▶ 화분의 바닥에 있는 배수구멍에서 물이 흘러나올 때까지 물을 충분히 준다.

특수한 물 주기
어떤 식물들은 특별한 방법으로 물을 준다. 예를 들면, 토양에 직접 물을 줄 경우 구근 또는 뿌리에 물이 고여 있을 수 있으므로 화분 받침에 물을 주어 수분을 흡수하게 한다.

▲ 규칙적으로 물을 주되 토양이 마른 후에 물 주기
보통 실내식물은 물을 넉넉히 주어야 한다. 화분의 흙이 완전히 젖도록 물을 주고, 표면에서 1~3cm 정도 깊이의 흙이 건조해지면 다시 물을 준다.

적당한 양으로 물 주기
물을 적게 주어야 하는 식물도 있다. 화분의 흙이 간신히 젖을 정도로 물을 주고 토양 표면에 손가락을 넣어 깊이 1~3cm의 흙이 건조해지면 다시 물을 준다.

▲ 로제트에 물 주기
파인애플과 식물의 잎들은 통 모양의 로제트를 형성한다. 이런 식물들은 따뜻한 곳에서 항상 물을 품고 있어야 하기 때문에 로제트 안에 물을 준다.

겨울에는 토양을 건조하게
내한성이 있는 식물은 겨울의 휴면기에 서늘한 장소에 둔다. 화분의 흙이 습하지 않게 유지하고, 흙이 완전히 건조해지면 물을 준다.

▶ 자주 분무하기
잎에서 수분을 흡수하거나 높은 습도를 좋아하는 식물은 분무기로 자주 물을 뿜어주어 주변 습도를 높여준다.

화분 받침에 물 주기
화분 받침에 물을 1cm 정도 주고 5분 동안 놓아둔다. 필요하다면 물을 보충해 주고, 5분이 지난 뒤에 토양에 흡수되고 남은 물을 버린다.

비료 주기

식물은 생장하기 위해 빛과 수분 외에 양분도 필요하다. 화분의 배양토에는 양분이 포함된 상태로 판매되며 6주 정도 지속된다. 그러나 양분의 지속력은 화분용 배양토 종류에 따라 차이가 나므로 라벨의 지시 사항들을 읽어 보아야 한다. 화분 배양토의 지속력이 떨어진 후에는 직접 비료를 준다.

일반적으로 식물이 활동을 하는 봄부터 여름까지 비료를 주며 나머지 기간에는 비료를 줄 필요가 없다. 비료를 필요 이상으로 많이 주는 것도 부족한 것만큼이나 식물에 좋지 않으므로, 이 책 또는 비료의 설명서에 권장된 양 이상으로 공급하지 않는 것이 좋다. 생장이 빠른 식물은 생장이 느린 식물보다 비료를 많이 준다.

▲ 대못 모양의 완효성 비료를 식물에게 공급하고 있다.

관엽식물용 복합비료
대부분의 실내식물에는 질소 함량이 낮은 액체비료를 물을 줄 때 섞어서 준다. 질소 요구량이 높은 식물들은 봄부터 가을까지 2주에 한 번씩 비료를 주며, 요구량이 낮은 식물들은 봄부터 가을까지 한 달에 한 번씩 준다. 양분에 대한 요구량이 낮은 식물들은 농도를 반으로 낮추어 준다.

난 전용 비료
난은 양분에 대한 요구도가 다른 실내식물과 다르므로 난 전용 비료를 사용한다.

산성 비료
석회에 대한 내성이 없는 식물은 산성 비료를 준다.

완효성 비료
완효성 비료는 대못 또는 알약의 형태로 되어 있다. 대못 모양 비료는 화분의 가장자리에 꽂고 물을 주면 용해된다. 알약 형태의 비료는 화분에 식물을 심는 과정에 배양토 사이에 넣거나 식물을 심은 후에 연필로 깊게 흙 속으로 밀어 넣는다. 이 때 식물의 뿌리가 상하지 않게 조심한다.

엽면시비용 비료
파인애플과 식물처럼 양분을 잎에서 흡수하는 식물에는 엽면시비용 비료를 잎에 직접 분무한다. 알맞은 농도로 희석해서 잎의 양면에 뿌린다.

전정

실내식물을 균형 있게 기르려면 가끔 전정을 해주어야 한다. 꽃 피는 식물들도 고사한 부분을 잘라줘야 하므로 죽거나 시든 꽃은 가위로 잘라준다. 시클라멘의 경우에는 꽃이 달린 줄기를 비틀어서 기부까지 완전히 뽑아주도록 한다. 가지치기는 식물의 오래되거나 약한 부분을 제거함으로써 건강한 생장을 촉진한다. 또한 집에서 기르는 식물이 너무 크게 자라지 않게 해준다. 가지치기는 새로운 생장이 시작되는 가을 또는 이른 봄에 한다. 전정용 칼 또는 전정용 가위를 사용하고, 도구가 날카롭고 청결한지 확인한다. 새로운 가지가 날 수 있도록 항상 눈보다 위에서 아래를 향해 자른다.

▶ **덩굴성 식물**
덩굴성 식물은 기둥 또는 울타리 등에서 떼어낸 후 무질서하게 자란 가지들을 자른다. 몇 개의 어린 가지들만 남기고 가지치기를 한 뒤 남은 가지들은 다시 지지물에 감아준다.

◀ **줄기가 긴 식물**
줄기가 길게 자라는 식물을 촘촘한 형태로 기르려면 줄기가 길게 자라는 식물의 생장점을 손가락을 이용하여 따준다.

▲ **키가 큰 식물**
키가 큰 식물은 목본성 줄기의 윗부분을 과감하게 자른다. 가지치기한 후 식물을 적합한 환경조건에 놓아 줄기 및 잎이 빨리 자라도록 한다.

▶ **줄기가 늘어지는 식물**
잎 사이의 간격이 넓은 식물은 줄기를 잘라 간격이 조밀해지도록 한다. 잎이 촘촘하게 난 마디를 남기고 가지치기를 한다. 가지치기한 후 빛을 더 많이 받게 해주면 아담하고 촘촘하게 자란다.

20

화분 심기와 분갈이

크기만 맞는다면 거의 모든 화분에 실내식물을 심을 수 있다. 배수구멍이 있는 화분은 과잉공급된 물을 배출하기 때문에 식물이 건강하게 자랄 수 있다. 배수구멍이 없는 화분을 사용할 경우에는, 화분 아래에 배수층을 만들어주고 물을 너무 많이 주지 않도록 주의한다.

분갈이

일반적으로, 생장이 빠른 관엽식물이나 꽃 피는 식물들은 일 년에 한 번씩 분갈이를 해야 한다. 크기가 큰 관엽식물 또는 생장이 느린 선인장 및 다육식물들은 2-3년에 한 번씩 분을 갈아준다. 난은 화분에 뿌리가 가득 찼을 때 분갈이를 한다. 보통 새로운 생장이 시작되는 이른 봄에 분갈이를 하며 분갈이의 시기 및 횟수는 각 식물에 대한 설명에서 제시된 내용을 참고하면 된다. 이 시기 이외에도 분갈이를 해야 할 때가 있다. 물을 준 후 화분의 흙이 너무 빨리 마른다면 식물에 비해 화분의 크기가 작은 것일 수 있으므로 뿌리를 위한 공간이 충분한지 다음과 같은 방법으로 알아본다.

1 ▲ 식물에 물을 주고 한 시간 가량 놓아둔다.

2 ▼ 화분을 뒤집고 옆면을 살짝 두드린다.

3 ◄ 식물과 뿌리가 빠져나오게 한다.

4 뿌리를 위한 공간이 충분한지 확인한다. 뿌리가 화분을 완전히 채우고 있다면 분갈이를 한다.

분갈이하는 방법

분갈이를 할 때는, 앞에서 설명한 대로 화분에서 식물을 꺼낸다.

1 ◀ 화분용 배양토를 기존 화분보다 큰 화분에 조금 넣는다.

2 ▶ 근분을 화분용 배양토 위에 알맞은 높이로 놓는다. 화분 아래의 배양토의 양을 조절한다.

화분용 배양토의 종류

정원의 흙은 실내식물에 적합하지 않고, 해충 및 병으로 오염되어 있을 가능성이 크기 때문에 사용하지 않는다. 다양한 종류의 화분용 배양토를 사용하도록 한다.

화분용 배양토

미리 조제된 화분용 배양토는 건전한 생육을 위한 최상의 조건을 제공한다. 표준 화분용 배양토는 주로 이탄으로 이루어져 있고, 소독되어 있기 때문에 해충 및 병해가 없다. 완효성 비료가 포함된 경우가 많다.

3 ▶ 화분용 배양토를 가장자리에 마저 채우고, 손가락으로 살짝 누른다.

4 물을 줄 수 있게 화분 끝에서 토양 표면 사이에 1~2.5cm 정도의 간격을 둔다.

5 ▼ 물을 충분히 준다.

특수한 경우의 화분용 배양토

어떤 식물에는 특별 관리를 해야 한다. 난은 양분 등 요구조건이 다른 식물들과 다르므로 난 전용 배양토를 사용한다. 진달래속에 속하는 식물에는 산성 배양토가 좋다. 번식용 삽수 또는 종자의 경우 비료가 포함되지 않은 화분용 배양토를 사용하도록 한다.

번식

번식이 쉬운 실내식물도 있고 어려운 식물도 있다. 2장에서 각 식물에 적당한 번식 방법과 시기를 알려주지만 여기에서는 번식의 일반적인 방법에 대해 설명할 것이다.

잎꽂이

1 ▶ 건강하고 성숙한 잎을 모식물체의 잎줄기에 가까운 부분에서 자른다.

◀ 종자
종자를 생산하는 실내식물도 있으나 대부분의 종자들은 구입이 가능하다. 파종하기에 가장 좋은 시기는 봄이다.

2 ▼ 잘린 가지의 끝에 발근촉진제를 바르는 것이 좋다.

3 ▼ 잎 아랫부분이 토양 표면에 닿을 정도로 발근용 토양에 자른 줄기를 꽂는다.

▲ 작은 식물체 또는 분지
새로 자라 나온 작은 식물체를 잘라 다른 화분에 심는다. 뿌리가 내리고 잘 자란 분지를 주가지로부터 분리해서 분에 심는다. 작은 식물체 또는 분지는 일 년 중 어느 시기에나 번식 가능하다.

줄기꽂이

생장이 시작하기 전 이른 봄에 개화하지 않은 가지에서 여린 가지를 채취한다. 새로 나온 가지는 생장이 시작된 후에 채취한다. 반쯤 굳은 가지는 기부가 단단하고 상부는 연하다. 여름 또는 이른 봄에 채취하며, 길이는 5-10cm정도가 좋다. 굳은 가지는 기부 및 상부가 다 단단하며 길이는 20cm 정도가 적당하다. 가을부터 이른 겨울까지 채취하는데, 이 시기에는 생장이 거의 다 이루어진 상태이다.

포기나누기

대부분의 식물은 덩어리를 형성하는데, 이 덩어리를 나눠 번식에 이용한다. 물을 주고 나서 식물을 화분에서 꺼내 덩어리를 부드럽게 분리한다. 덩어리들이 굵은 뿌리들로 되어 있다면, 칼로 분리하도록 한다.

1 ◄ 잎이 2-3쌍이 달린 가지를 4-5cm로 자른다.

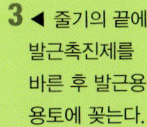

2 ► 가장 아래에 있는 잎 한 쌍과 마디 위에 있는 연한 위쪽 끝을 제거한다.

발근용 토양

대부분은 이탄으로 이루어지고 양분이 없는 발근용 토양을 사용한다. 뿌리가 형성되고 새로운 식물체가 충분히 자라면, 식물 종류에 따라 표준 또는 특수 분화용 배양토에 옮겨 심는다.

번식상

일부 열대식물의 가지를 잘라 꽂아 번식시키는 경우 뿌리가 나오려면 토양이 따뜻해야 한다. 가온된 번식상 또는 번식용 덮개를 이용해서 열을 제공한다. 온도는 20-25도로 유지한다.

3 ◄ 줄기의 끝에 발근촉진제를 바른 후 발근용 용토에 꽂는다.

식물 치료하기

잎에 나타나는 증상과 치료법

증상	원인	치료법
잎의 색이 바래고 활력이 없다.	빛이 과다하거나 부족. 거미응애 또는 쥐똥나무벌레. 영양결핍. 잎 표면의 먼지.	· 그늘지거나 밝은 곳으로 옮긴다. · 거미응애와 쥐똥나무벌레를 곤충용 비누 또는 생물학적 방법으로 퇴치한다. · 양분 요구도를 점검한 후 필요하다면 비료를 준다. · 물을 뿌린다.
상부의 잎이 누렇게 변한다.	석회에 내성이 약한 경우.	산성 화분용 배양토로 분갈이를 해주고, 빗물이나 끓여서 식힌 물을 준다.
잎에 반점이 생긴다.	물 주는 중에 시들기. 식물 병해.	화분 받침에 물을 준다. 병을 치료한다. 줄기의 모양이 변할 정도이면 식물을 버린다.
하부의 잎이 마르거나 떨어진다.	온도가 높거나, 빛 부족. 수분 부족.	식물의 위치를 점검하고 필요하다면 옮긴다. 물을 더 준다.
얼룩진 잎이 진한 녹색으로 변한다.	빛 부족.	밝은 곳으로 옮긴다.
하부의 잎이 누렇게 변하거나 떨어진다.	자연적인 현상일 수 있다. 모든 식물들은 자라면서 잎을 많이 잃기 때문. 수분 과다.	화분 안 흙의 수분함량을 점검한다. 흠뻑 젖어 있다면 토양을 건조시킨 후 물을 다시 준다.
잎들이 오그라들거나 떨어진다.	수분 부족. 온도가 너무 낮거나 건조한 곳에 노출.	화분 안 흙의 수분 함량을 점검한다. 건조하다면 물의 양을 규칙적으로 늘린다. 토양이 말라 화분과 분리되면 분화용 배양토가 흠뻑 젖을 때까지 화분을 물 양동이에 담궈 놓는다. 식물이 놓인 위치를 점검한다.
잎이 시든다.	수분 부족 또는 과다. 화분 전체에 뿌리가 뻗어 자랄 수 없는 상태.	식물에 물이 얼마나 필요한지 점검한 후 적절히 조절한다. 식물을 시원한 곳으로 옮긴다. 식물의 뿌리가 화분 전체를 채우고 있다면 분갈이를 한다 (화분심기 및 분갈이는, 20쪽 참조).
잎이 떨어진다.	급격한 환경변화 (식물을 정원에서 실내로 옮기는 경우 등).	환경이 변하면 식물에 특별한 주의를 기울여야 하며, 직사광은 피한다. 분갈이를 해야 하는지 살펴본다.
잎의 끝 또는 가장자리가 갈변한다.	화분 전체에 뿌리가 뻗어 자랄 수 없는 상태. 낮은 습도. 물 주는 중에 시들기.	연수로 자주 분무해준다. 직사광에 있을 때는 물을 주지 않는다.

꽃에 나타나는 증상과 치료법

증상	원인	치료법
꽃이 빨리 시든다.	온도가 너무 높거나, 수분 부족, 낮은 습도, 빛 부족. 식물이 석회에 대한 내성이 약한 경우.	어느 정도의 온도에 놓아야 하는지 점검하고 그에 따라서 조절한다. 배양토가 너무 건조하다면 물을 규칙적으로 주면서 양을 늘린다. 매일 연수를 분무해주어 습도를 높인다. 식물을 밝은 곳으로 옮긴다.
꽃이 피지 않는다.	빛 부족. 휴면기가 필요. 영양과다. 화분 전체에 뿌리가 뻗어 자랄 수 없는 상태.	단일 또는 장일 식물은 꽃이 피려면 빛이 일정량 이상 필요하다. 꽃봉오리가 만들어지려면 휴면기가 필요하다. 기르고 있는 식물의 개화촉진 조건들을 점검한다. 분갈이가 필요한지 살펴본다.

식물에 나타나는 증상과 치료법

증상	원인	치료법
잎과 줄기에 밀가루를 뿌린 듯한 얼룩이 생긴다.	흰가루병.	다른 식물에서 격리한다. 병해를 입은 부위를 제거하고 알맞은 환경에 놓아준다. 잎이 젖지 않게 한다. 또는 식물을 버린다.
생장이 느리다.	비료 부족. 화분 전체에 뿌리가 뻗어 자랄 수 없는 상태. 수분 과다. 식물 병해.	식물이 휴면기 중일 수도 있지만, 그렇지 않을 경우는 양분을 규칙적으로 줬는지 확인해 본다. 분갈이가 필요한지 점검한다. 식물의 요구도에 맞게 물의 양을 줄인다. 병해가 없는지 살펴본다. 피해를 입은 부위가 있다면 곤충용 비누나 생물학적 방법을 이용하여 없앤다.
잎이 작아지고 가늘고 길게 자란다.	비료 부족. 거미응애.	식물이 생장기일 때 양분을 규칙적으로 준다. 잎의 뒷면에 거미응애가 없는지 확인한다. 거미응애가 있으면 그 부위를 제거하고, 곤충용 비누를 분무하거나 생물학적 방법으로 처리한다.
끈적거리는 검은 물질의 반점이 생긴다.	그을음병. 진딧물. 온실가루이.	그을음병은 진딧물, 온실가루이, 쥐똥나무벌레, 깍지벌레 등의 배설물인 단물에서 생긴다. 식물을 흔들어서 온실가루이가 있는지를 확인한다. 진딧물을 손으로 골라내고 온실가루이는 진공청소기로 빨아들인다. 피해를 받은 부위를 곤충용 비누를 분무하거나 생물학적 방법으로 처리한다.
솜털이 달린 잿빛 곰팡이병이 생긴다.	잿빛곰팡이병.	잿빛곰팡이병은 서늘하면서 습기가 많은 경우에 발생한다. 특히 물을 너무 많이 주면 연한 잎이 상한다. 감염된 부위를 잘라내고 오염된 흙도 긁어낸다. 건조하고 적당한 환경조건에 놓고 다른 식물로부터 격리시킨다. 치명적으로 감염되었다면 식물을 버린다.

2장
식물사전

2장에서는 가장 인기 있는 실내식물 140
종류를 학명의 알파벳순으로 정리하여
설명했다.
각각의 식물 특성과 자라기에 적당한 빛,
온도, 물, 비료 등 식물을 기르는 요령에 대해
알려주며, 각 식물에 많이 발생하는 병해충과
적합한 번식방법에 대해서도 설명했다.

Abutilon
아부틸론 ✻ Flowering Maple, Chinese Lantern

과명_ 아욱과 *Malvaceae*

용도 | 실내, 온실, 일광욕실, 실외에 적합한 꽃 피는 관목
원산지 | 브라질
식물형태 | 커다란 하트 모양의 연두색 잎에 노란색이나 흰색 반점이 있는 꽃 피는 관목이다. 화려하고 아래로 늘어지는 종 모양 꽃이 피며, 흰색, 노란색, 주황색, 자주색, 분홍색, 검붉은 색이 있다. 꿀이 만들어진다.
빛과 장소 | 간접광을 좋아하며, 겨울철에만 직사광에 둔다.
온도 | 따뜻한 곳을 좋아하고, 겨울철에는 조금 서늘하게 기르며, 섭씨 5도까지 견딜 수 있다.
물 주기 | 봄부터 가을까지 물을 충분히 주고, 겨울에는 적게 준다. 꽃 피는 기간에는 식물이 마르지 않도록 관리한다. 물이 부족하면 꽃봉오리가 떨어진다.
비료 | 봄부터 가을까지 일주일에 한 번 관엽식물용 복합비료를 주고, 겨울철에는 주지 않는다.
특별관리 | 지지대를 세워 줘야 하는 식물이다. 겨울은 휴면기이므로 빛이 있는 서늘한(5-10도) 장소에서 기르고, 매년 이른 봄에 분갈이를 한다. 이른 봄에 긴 가지를 잘라주면 그해 생장이 촉진되어 무성하게 키울수 있다.
해충과 질병 | 진딧물, 거미응애, 온실가루이. 온도가 갑작스럽게 변하면 잎이 누렇게 되고 낙엽이 진다.

품종 | 메가포다미쿰(*A. megapotamicum*)은 가지가 가늘고 아래로 늘어지는 형태의 작고 무성한 관목으로 걸이화분이나 틀에 가꾸기에 적합하다. 잎은 하트나 화살 모양으로 녹색, 노란색 반점이 있으며, 꽃은 작고 흔들거리며, 색상이 화려하며, 부풀어오른 듯한 화피의 모습이 손전등처럼 생겼다.
번식 | 사계절 새로 나온 가지를 잘라 꽂는다.

식물 분류	빛	외풍 내성	물 주기	비료	꽃 피는 계절	최저온도
				봄 여름 가을 겨울 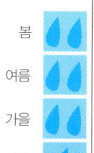			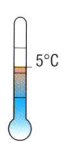 5°C

Acalypha wilkesiana
아칼리파 ※ Copperleaf

과명_ 대극과 *Euphorbiaceae*

용도 | 실내, 온실, 여름철 일광욕실에 적합한 관엽식물
원산지 | 태평양 군도
식물형태 | 선명한 붉은색, 구리색, 회녹색, 연두색이 섞인 계란형의 잎이 인상적인 관목이다. 줄기 끝에서 수상화서의 형태로 작은 꽃이 피는데, 장식적 가치는 낮다.
빛과 장소 | 직사광, 간접광을 좋아하며 빛이 충분해야 잎의 색이 선명해진다.
온도 | 따뜻한 곳에서 시원한 곳 모두 기를 수 있으며, 10도까지 견딜 수 있다.
물 주기 | 늘 흙이 마르지 않도록 주의하며, 특히 여름에는 축축하게 유지한다.
비료 | 봄부터 가을까지 2주에 한 번 관엽식물용 복합비료를 주고, 겨울에는 주지 않는다.
특별관리 | 매년 봄에 분갈이를 해준다. 이때 긴 가지를 잘라주면 생장을 촉진하여 무성하게 기를 수 있다.
해충과 질병 | 거미응애류
품종 | 잎 색에 따라 매우 다양한 품종이 있다.
번식 | 잎이 세 개 달린 줄기를 잘라 꽂는다.

Adenium obesum
아데니움 ※Desert Rose, Desert Azalea

과명_ 협죽도과 *Apocynaceae*

용도 | 실내, 온실, 일광욕실에 적합한 꽃이 피는 다육식물
원산지 | 이집트, 수단, 이디오피아, 동아프리카, 아라비아
식물형태 | 잎이 두꺼운 가죽 같은 다육성 관목으로 짧은 가지 끝에 반짝이는 암녹색 잎이 달려 있다. 꽃은 통 모양으로, 중심은 노란색이고, 바깥은 진홍, 분홍, 흰색인 꽃이 핀다.
빛과 장소 | 직사광을 좋아하며 간접광에서도 기를 수 있다.
온도 | 따뜻한 곳을 좋아하고, 겨울에는 서늘하게 키우며, 10도까지 견딜 수 있다.
물 주기 | 물을 과잉공급할 경우 뿌리가 썩어서 죽는다. 봄부터 가을에는 가끔 주고, 10월부터 4월까지는 거의 마른 상태로 유지한다.
비료 | 봄부터 가을에 한 달에 한 번 관엽식물용 복합비료를 주고 겨울에는 주지 않는다.
특별관리 | 자극적인 우윳빛 즙액이 나오므로 피부나 눈에 닿지 않도록 한다. 10월부터 4월까지는 휴면기로 빛이 있는 서늘한 장소(15도 정도)에서 기르고, 2-3년에 한번 봄에 분갈이를 해준다.
해충과 질병 | 잿빛곰팡이병, 물을 많이 줄 경우 뿌리가 썩는다.
품종 | 4종의 아데니움이 있으나, 거의 재배되지 않는다.
번식 | 봄에 씨를 뿌리거나 여름에 줄기를 잘라 꽂는다.

식물 분류	빛	외풍 내성	물 주기		비료	꽃 피는 계절	최저온도
				봄 💧 / 여름 💧 / 가을 💧 / 겨울 ✕	봄 / 여름 / 가을 ✕ / 겨울 ✕	봄 ✕ / 여름 🌸 / 가을 ✕ / 겨울 ✕	10°C

Adiantum raddianum
아디안텀 ※봉작고사리 Delta Maidenhair Fern

과명 _ 고사리과 *Pteridaceae*

용도 | 실내, 온실, 여름에는 일광욕실에서 기르는 장식용 식물
원산지 | 중앙아메리카, 남아메리카 열대지역
식물 형태 | 고사리류의 식물로 가지가 처음엔 위로 자라다가 어느 정도 자라면 아래로 처지는 형태로, 밝은 녹색잎이 많이 달려 있어 매우 섬세한 느낌을 준다. 원줄기는 윤기 나는 검은색이다.
빛과 장소 | 간접광이나 그늘을 선호하며, 직사광은 피한다.
온도 | 따뜻한 곳을 좋아하며, 5도까지는 견딜 수 있다.
물 주기 | 봄부터 가을까지 연수를 규칙적으로 주고, 겨울철 휴면기에는 물을 적게 준다. 토양이 말랐는지 확인하고 물을 주도록 한다. 높은 습도를 유지하기 위해 물뿌리개를 이용하여 자주 분무해준다.
비료 | 봄부터 가을까지 관엽식물용 복합비료를 한 달에 한 번 주고, 겨울에는 주지 않는다.
특별관리 | 아디안텀은 높은 습도를 좋아한다. 오랜 기간 잘 키우기가 어려우므로, 매년 봄 분갈이를 해준다.
해충과 질병 | 잿빛곰팡이병, 진딧물, 깍지벌레, 쥐똥나무벌레
품종 | 잎이 무성한 프리츠루씨(Fritz-Luthi), 아담한 형태의 리사(Lisa), 청동색의 어린잎을 가진 브론즈 비너스(Bronze Venus) 등이 있다.
번식 | 이른 봄에 뿌리줄기를 나누어 심거나, 포자를 받아서 번식한다.

  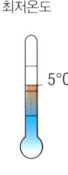

Aechmea fasciata
에크메아 ✽ Urn Plant

과명_ 파인애플과 *Bromeliaceae*

용도 | 실내, 온실, 여름철 일광욕실에서 기르기에 적합한 꽃 감상용 식물
원산지 | 브라질
식물 형태 | 희끗희끗한 줄무늬가 있는 가죽 같은 질감의 녹색 잎이 로제트 형태로 겹쳐서 나 있으며, 착생형 다년생식물이다. 꽃은 감상기간이 길고 매우 인상적이며, 뾰족한 분홍색 포엽과 청색 꽃으로 이루어져 있다.
빛과 장소 | 직사광을 제외한 거의 모든 빛 조건에서 잘 자란다.
온도 | 따뜻한 곳을 좋아하고, 8도까지 견딜 수 있다.
물 주기 | 미지근한 물을 준다(대부분의 실내식물은 차가운 물보다는 미지근한 물을 좋아한다). 2-3주 정도는 건조해도 견딜 수 있다.
비료 | 관엽식물용 복합비료를 로제트 안쪽에 준다. 봄부터 가을까지 한 달에 한 번 비료를 주고, 겨울에는 주지 않는다.
특별관리 | 물과 비료는 잎이 겹쳐서 생긴 로제트 안쪽에 주며, 로제트 속은 항상 물기가 있어야 한다. 이른 봄 새끼화초가 나오면 다른 화분에 심는다.
해충과 질병 | 쥐똥나무벌레
번식 | 꽃이 진 후에 잎겨드랑이에서 새끼화초가 나오는데, 발생한 새끼화초가 엄마식물의 반쯤 크면 초여름에 나누어 심는다.

식물 분류	빛	외풍 내성	물 주기	비료	꽃 피는 계절	최저온도
			 봄 여름 가을 겨울		 	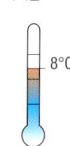 8°C

Aeschynanthus
에스키난서스
✽ Basket Plant / Lipstick Vine

과명_ 제스네리아과
　　　Gesneriaceae

용도 | 실내, 온실, 여름철 일광욕실에 걸이화분용으로 적합하며, 꽃이 피고 잎이 늘어지는 식물
식물형태 | 다육질이고 창 모양인 진한 녹색 잎이 나며 가지가 늘어지는 착생식물이다. 구부러진 관 모양의 꽃에 흰색 암술대가 꽃잎 밖으로 쑥 나와 있으며, 꽃의 색은 진한 주황색, 다홍색, 진한 자주색이 있다.
빛과 장소 | 간접광이나 그늘에서 잘 자라며 직사광은 피한다.
온도 | 따뜻한 곳을 선호하고, 겨울철엔 좀 더 서늘한 곳에서 기르며, 10도까지 견딜 수 있다.
물 주기 | 봄부터 가을까지 연수를 규칙적으로 주고, 겨울에는 물 주는 횟수를 줄인다. 건조에 강한 편이며 물이 직접 잎에 닿지 않도록 한다.
비료 | 봄부터 가을까지 한 달에 한 번 관엽식물용 복합비료를 주고, 겨울에는 주지 않는다.
특별관리 | 겨울에는 12도 정도로 서늘하고 빛이 드는 장소에서 기르고, 꽃을 피우기 위해서는 겨울에는 기간동안 물주기를 줄이며, 매년 봄에 분갈이를 해준다.
해충과 질병 | 진딧물, 거미응애
품종 | 캐롤라인(Caroline) 품종은 잎이 작고, 모나리자(Mona Lisa) 품종은 잎이 크다. 루벤스(Rubens)는 화려한 주황색 꽃이 피는 직립성 관목이다. 마르모라투스(*A. marmoratus*)종의 잎은 적갈색의 반점이 있는 진한 녹색이다.
번식 | 이른 봄에 잎이 두 개 있는 줄기나 생장점 부근의 줄기를 잘라 꽂는다.

식물 분류	빛	외풍 내성	물 주기		비료	꽃 피는 계절	최저온도
				봄 여름 가을 겨울	  	  	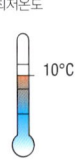 10°C

Agave americana
용설란 ✲ Century Plant

과명_용설란과 *Agavaceae*

용도 | 실내, 온실, 일광욕실에 적합한 조형미를 갖춘 다육식물
원산지 | 멕시코
식물형태 | 줄기가 없고, 넓고 두꺼운 다육질의 회녹색 잎이 겹쳐 나 있는 로제트 형으로, 잎 끝은 뾰족하고 잎 가장자리에 날카로운 갈색 가시가 있다.
빛과 장소 | 직사광을 좋아하며 간접광에서도 살 수 있다.
온도 | 따뜻한 곳에 두고, 겨울철엔 조금 서늘하게 해준다. 0도까지 견딜 수 있다.
물주기 | 물을 너무 많이 주면 죽는다. 봄부터 가을까지는 물을 규칙적으로 주고 겨울철엔 토양이 거의 말라 있어야 한다.
비료 | 봄부터 가을 한 달에 한 번 관엽식물용 복합비료를 주고, 겨울에는 비료를 주지 않는다.
특별관리 | 10월부터 4월까지 휴면기가 필요하며, 빛이 있고 5도 정도인 서늘한 장소에 둔다. 2-3년마다 이른 봄에 분갈이를 해준다.
해충과 질병 | 거의 없음

품종 | 베리에가타(*Variegata*) 품종은 잎 가장자리가 노란색이다. 약 100여 종의 용설란이 있으며, 이 중 일부만 재배된다. 스트리카(*A. strica*)종은 잎이 가늘고 진녹색이 도는 회색이다. 파리(*A. parryi*)의 잎은 회색이고 가장자리의 가시는 회갈색이다. 빅토리아 레지나(*A. victoriae-reginae*)의 잎은 뒤로 젖혀지고 진녹색이며 잎 가장자리가 흰색이다.
번식 | 덤불이나 로제트 형태로 나온 어린 식물을 봄과 여름에 분리하여 심는다.

식물 분류

빛

외풍 내성

물 주기

비료

꽃 피는 계절

최저온도
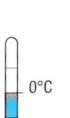
0°C

Aglaonema commutatum
아글라오네마
❋ Philippine Evergreen

과명_ 천남성과 *Araceae*

용도 | 거친 질감의 잎이 있는 관엽식물
원산지 | 필리핀
식물형태 | 진녹색 바탕에 노란색 또는 은회색 무늬가 있는 타원형 잎의 초본성 식물이다.
빛과 장소 | 그늘과 간접광에서 자라며, 직사광을 피한다.
온도 | 따뜻한 곳을 좋아하고, 15도 정도까지 견딜 수 있다.
물 주기 | 왕성히 자라는 시기에는 규칙적으로 물을 주며, 토양이 마른 듯 할 때 물을 준다. 겨울철에는 물주는 횟수를 줄인다. 높은 습도를 좋아하므로 자주 분무해준다.
비료 | 봄부터 가을에는 2주에 한 번 관엽식물용 복합비료를 주고, 겨울에는 주지 않는다.
특별관리 | 매년 봄에 분갈이를 한다.
해충과 질병 | 진딧물, 깍지벌레, 거미응애, 쥐똥나무벌레
품종 | 마리아 크리스티나(Maria Christina) 품종의 잎은 크고 연노란색 무늬가 있으며, 파타야 뷰티(Pattaya Beauty) 품종의 잎은 진녹색과 올리브색 무늬가 있고 실버퀸(Silver Queen)의 잎은 은색을 띤 초록색이다.
번식 | 봄에 포기를 나누어 번식한다.

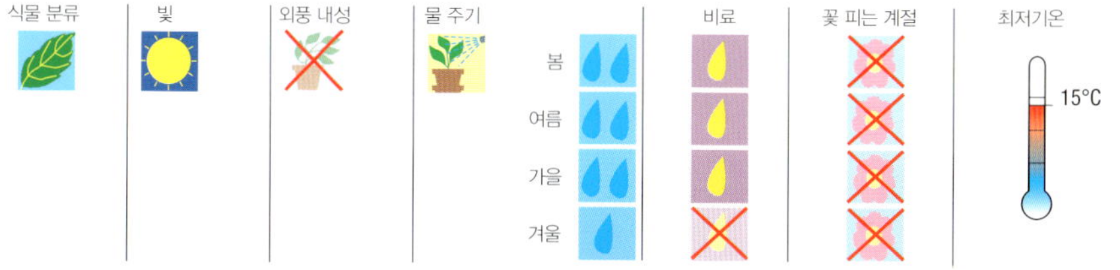

Allamanda cathartica
알라만다 ✻ Golden Trumpet
과명_ 협죽도과 *Apocynaceae*

용도 | 실내, 온실, 일광욕실에 적합한 꽃 피는 관목으로 여름에 차광을 하면 실외에서도 키울 수 있다.
원산지 | 남아메리카
식물형태 | 반질거리는 타원형의 풀색 잎이 나고 깔때기 모양의 커다란 황금색 꽃이 피며 잎을 꺾으면 하얀 유액이 나온다.
빛과 장소 | 직사광선을 좋아하며, 간접광에서도 자란다.
온도 | 따뜻한 곳에 놓되 겨울에는 조금 서늘한 곳에 둔다. 15도까지 견딜 수 있다.
물 주기 | 생육이 왕성한 시기에는 토양이 젖어 있도록 자주 물을 준다. 물이 부족하면 꽃이 작게 핀다.
비료 | 봄부터 가을까지 2주에 한 번 관엽식물용 복합비료를 주고, 겨울철에는 주지 않는다.
특별관리 | 꽃이 지고 난 뒤 가을에 가지치기를 하면 이듬해 무성하게 자란다.
해충과 질병 | 진딧물, 쥐똥나무벌레, 온실가루이, 깍지벌레, 거미응애
품종 | 핸더소니아이(Hendersonii)의 꽃은 매우 크며, 실버 드와프(Silver Dwarf)는 아담한 크기에 잎은 은녹색이다. 네리폴리아(*A. neriifolia*)종은 꽃이 작고 협죽도처럼 잎이 길다. 블란치티 (*A. blanchtii*)종은 붉은빛이 도는 자주색 꽃이 핀다.
번식 | 봄에 새로 나온 가지를 잘라 꽂으면 뿌리가 난다.

식물 분류	빛	외풍 내성	물 주기		비료	꽃 피는 계절	최저온도
				봄 / 여름 / 가을 / 겨울 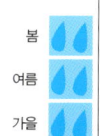			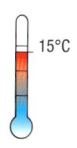 15°C

Alocasia x *amazonica*
알로카시아 ※ Alocasia, Elephant's Ear

과명_ 천남성과 *Araceae*

용도 | 실내 혹은 그늘진 실외에 적합하며 잎이 아름다운 식물
식물형태 | 화살표 모양의 큰 녹색 잎과 흰 잎맥, 흰 가장자리가 선명한 덩이줄기 식물
빛과 장소 | 간접광이나 그늘을 좋아하며, 직사광선은 피한다.
온도 | 따뜻한 곳을 선호하고, 15도까지 견딜 수 있다.
물 주기 | 토양을 항상 습하게 유지하고, 공기 중 습도가 높은 것을 좋아하므로 자주 분무해준다.
비료 | 봄부터 가을까지 한 달에 한 번 관엽식물용 복합비료를 주고, 겨울철에는 주지 않는다.
특별관리 | 매년 봄에 분갈이를 해준다.
해충과 질병 | 진딧물, 쥐똥나무벌레, 깍지벌레, 거미응애, 잿빛곰팡이병
품종 | 블랙 벨벳(Black Velvet)의 잎은 색이 진하고 벨벳 질감이며 칼리도라(Calidora)의 잎은 매우 크고 연두색이다. 폴리(Polly)는 진녹색 잎에 가장자리와 잎맥의 흰색이 선명하게 대조된다.
번식 | 봄에 땅속줄기를 잘라서 번식시킨다.

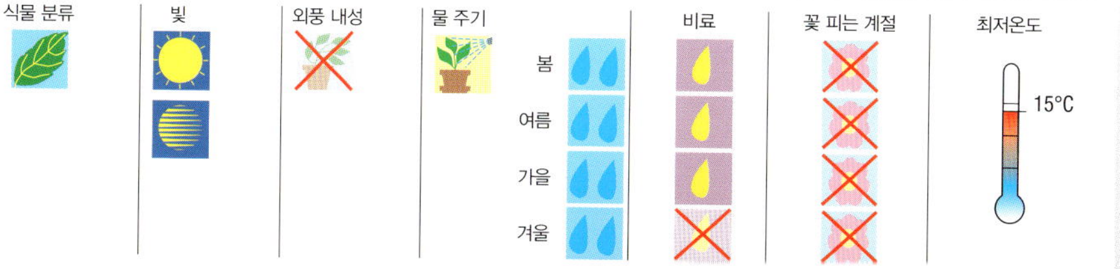

식물 분류	빛	외풍 내성	물 주기		비료	꽃 피는 계절	최저온도
			 봄 여름 가을 겨울	💧 💧 💧 💧		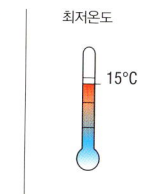	15°C

Aloe vera
알로에 ✽ Medicinal Aloe
과명_ 알로에과 *Aloaceae*

식물 분류

빛

외풍 내성

물 주기

봄 여름 가을 겨울
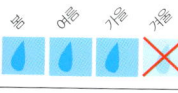

비료

꽃 피는 계절

최저기온
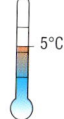
5°C

용도 | 실내, 온실, 일광욕실에 적합한 조형미 있는 다육식물로, 약용으로 이용한다.
원산지 | 북아프리카, 동아프리카, 열대 아프리카, 남아프리카, 아라비아
식물형태 | 로제트 형태의 다육식물로 겹겹이 나는 다육질 잎의 가장 자리에는 부드러운 가시가 난다. 어릴 때는 잎에 반점이 있으며, 노란색 혹은 주황색 꽃이 핀다.
빛과 장소 | 직사광과 간접광을 선호한다.
온도 | 따뜻한 곳을 좋아하고, 겨울엔 서늘한 곳에 둔다. 5도까지 견딘다.

물 주기 | 봄부터 가을까지는 가끔씩 물을 주고, 겨울엔 토양을 거의 건조하게 유지한다. 잎이 겹쳐 있는 부위에 물이 고여 있지 않도록 한다.
비료 | 봄부터 가을에 한달에 한번 관엽식물용 복합비료를 주고, 겨울철에는 주지 않는다.
특별관리 | 10월부터 4월까지는 휴면기이므로 빛이 있고 5도 정도 되는 서늘한 곳에서 기른다. 2-3년에 한번씩 이른 봄에 분을 갈아준다.
해충과 질병 | 진딧물, 거미응애
품종 | 실내식물로 많이 재배된다. 미트리포르미스(*A. mitriformis*)종의 잎은 넓고 청록색이며 뿔 모양의 돌기가 있고 크기는 아담하다. 베리에가타 (*A. Variegata*)종의 잎은 진녹색에 흰색 점이 줄무늬로 배열되어 있다.
번식 | 덤불이나 로제트 형태로 나온 어린 식물체를 봄과 여름에 분리하여 심는다.

Anigozanthos
캥거루발톱 ※ 캥거루포 Kangaroo Paw

과명_ 지모과 *Haemodoraceae*

용도 | 실내, 온실, 일광욕실, 봄부터 가을까지는 실외에서도 기를 수 있는 꽃 피는 다년생 식물
원산지 | 호주 서부
식물형태 | 두꺼운 뿌리줄기에 창 모양의 잎이 난 다년생 초본이다. 화서는 위로 서는 형태이며 솜털이 많은 관 모양의 꽃이 핀다. 붉은색, 주황색, 노란색 꽃이 캥거루 발톱처럼 생겼다.
빛과 장소 | 직사광과 간접광에서 자란다.
온도 | 따뜻한 곳을 좋아하며, 5도까지 견딜 수 있다

물 주기 | 봄부터 가을까지 규칙적으로 물을 주고 겨울에는 물 주는 횟수를 줄인다.
비료 | 봄부터 가을에 한 달에 한 번 관엽식물용 복합비료를 주고 겨울철에는 주지 않는다.
특별관리 | 겨울철이 휴면기이므로 빛이 있는 서늘한 장소(5-10도)에서 기르고, 2년에 한 번 봄에 분을 갈아준다.
해충과 질병 | 반점병
품종 | 식물 크기와 꽃 색상에 따라 다양한 품종이 있다.
번식 | 이른 봄에 포기를 나눈다.

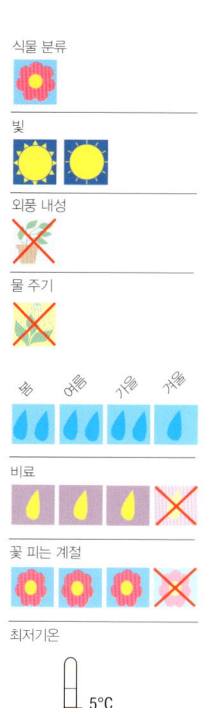

Anthurium andraeanum
안스리움 ✽ Flamingo Flower
과명_ 천남성과 *Araceae*

용도 | 실내에서 기르는 꽃 피는 식물
원산지 | 콜롬비아
식물형태 | 긴 줄기에 하트 모양의 광택나는 잎이 달린 직립성 초본식물이다. 진홍, 분홍, 자주, 연두, 흰색 등의 윤이 나는 불염포가 노란색 또는 주황색의 육수화서의 꽃을 감싸고 있는 모습이 매우 화려하다.
빛과 장소 | 간접광과 그늘에서 자라며, 직사광은 피한다.
온도 | 따뜻한 곳을 좋아하며 15도 정도까지 견딜 수 있다. 온도가 높은 것을 좋아한다.
물 주기 | 연수를 규칙적으로 주고, 토양이 마르지 않게 유지한다. 높은 습도를 유지하기 위해 자주 분무한다.
비료 | 봄부터 가을에 한 달에 한 번 관엽식물용 복합비료를 주고, 겨울철에는 주지 않는다.
특별관리 | 2년에 한번 봄에 분갈이를 한다.
해충과 질병 | 진딧물, 깍지벌레, 거미응애, 잿빛곰팡이병
품종 | 불염포와 육수화서의 색과 모양, 크기에 따라 다양한 종과 품종이 있다. 챔피언(Champion)은 흰색, 로라(Laura)는 반짝이는 붉은색, 아리노스(Arinos)는 연두색과 분홍색 불염포를 가진 품종이다. 클라리네비움(*A. clarinervium*)종은 진한 녹색 잎에 두드러진 흰 잎맥이 있으며, 불염포는 작고 밝은 녹색이다.
번식 | 이른 봄에 포기를 나눈다.

식물 분류	빛	외풍 내성	물 주기		비료	꽃 피는 계절	최저온도
			 봄 여름 가을 겨울				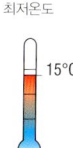 15°C

Aphelandra squarrosa
아펠란드라 ※ Saffron Spike, Zebra Plant

과명_ 쥐꼬리망초과 *Acanthaceae*

용도 | 실내, 온실, 일광욕실에 적합한 꽃 피는 식물
원산지 | 브라질 남동부
식물형태 | 광택이 있는 진녹색 잎에 흰색 잎맥이 매우 두드러지는 자그마한 식물이다. 줄기 끝에 피는 화려한 꽃은 수명이 길고, 광택이 있는 노란색 포엽과 꽃으로 이루어진 수상화서 형태이다.
빛과 장소 | 간접광에서 잘 자라고, 직사광선은 피한다.
온도 | 20도 정도에서 잘 자라고 8도까지는 견딜 수 있다.
물 주기 | 규칙적으로 물을 주고, 식물을 서늘하게 유지해야 하는 겨울에는 적게 준다. 높은 습도를 유지하기 위해서 자주 분무해준다.
비료 | 봄부터 가을까지 2주에 한 번 관엽식물용 복합비료를 주고, 겨울에는 주지 않는다.
특별관리 | 꽃이 핀 후에 전정을 한다. 겨울철에 10도에서 8주 이상 기르면 꽃눈 형성이 촉진된다.
해충과 질병 | 진딧물, 깍지벌레, 거미응애, 잿빛곰팡이병
품종 | 데니아(Dania)는 적갈색 줄기에 아담하게 자라며 진녹색의 광택나는 잎에는 크림색 잎맥이 있다.
번식 | 봄에 새로 나온 가지를 잘라 번식용 상자에 꽂고, 토양온도가 20-25도가 되도록 열을 가한다.

식물 분류	빛	외풍 내성	물 주기		비료	꽃 피는 계절	최저온도
				봄 여름 가을 겨울	 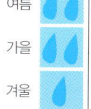	 	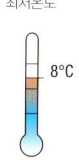 8°C

Aporocactus (Disocactus) flagelliformis
쥐꼬리선인장
※ Rat's Tail Cactus

과명_ 선인장과 *Cactaceae*

용도 | 실내, 온실, 일광욕실에서 기르는 선인장. 조형미가 있고 꽃이 피며 걸이화분용으로 좋다.
원산지 | 멕시코
식물형태 | 가느다랗고 길게 자라는 착생형 선인장이다. 줄기에는 뻣뻣한 가시 타래가 박혀있으며, 진한 분홍색이나 선홍색의 꽃이 피며, 붉은 열매가 열린다.
빛과 장소 | 직사광을 좋아하고 간접광에서도 자란다.
온도 | 25도 정도가 적당하고, 겨울철에는 10-15도 정도로 서늘하게 유지하며, 0도까지 견딜 수 있다.
물 주기 | 봄부터 여름까지 물을 규칙적으로 준다. 물 주기전에 토양이 말라 있는 것을 확인하고 주도록 하며, 가을과 겨울에는 물 주는 횟수를 줄인다.
비료 | 봄부터 가을에 한 달에 한 번 관엽식물용 복합비료를 주고, 겨울철에는 주지 않는다.
특별관리 | 매우 잘 자라는 식물이다. 겨울철에는 휴면기이므로 빛이 있는 서늘한 곳(5-10도)에서 기른다. 2-3년에 한번 이른 봄에 분을 갈아준다.
해충과 질병 | 쥐똥나무벌레, 깍지벌레, 거미응애
품종 | 없음
번식 | 봄부터 여름에 줄기를 잘라 꽂는다.

식물 분류	빛	외풍 내성	물 주기	비료	꽃 피는 계절	최저온도
			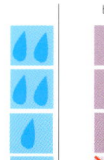			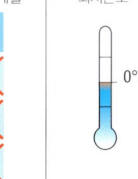

Araucaria heterophylla
아라우카리아 ※ Norfolk Island Pine

과명_ 아라우카리아과 *Araucariaceae*

용도 | 실내, 온실, 일광욕실에서 기르는 조형미 있는 관엽식물로 여름철에는 실외의 그늘진 곳에서 기를 수 있다.
원산지 | 노퍽 아일랜드
식물형태 | 송곳 모양의 부드러운 바늘이 있는 가지가 수평으로 자라는 우아한 상록성 나무이다.
빛과 장소 | 직사광이나 간접광에서 자란다.
온도 | 서늘한 곳(15도 정도)을 좋아하며, 특히 겨울철에는 반드시 서늘한 곳에서 기르도록 한다. 0도까지 견딜 수 있다.
물 주기 | 연수를 규칙적으로 주어 토양이 마르지 않도록 하며 겨울철에는 토양을 건조하게 유지한다. 습도가 낮아도 견딜 수 있다.
비료 | 봄부터 가을까지 한 달에 한 번 관엽식물용 복합비료를 주고, 겨울철에는 주지 않는다.
특별관리 | 겨울철이 휴면기이므로 빛이 있는 서늘한 곳(5-10도)에서 기르고, 3-4년에 한번 이른 봄에 분을 갈아준다.
해충과 질병 | 쥐똥나무벌레
품종 | 없음
번식 | 봄에 씨를 뿌린다.

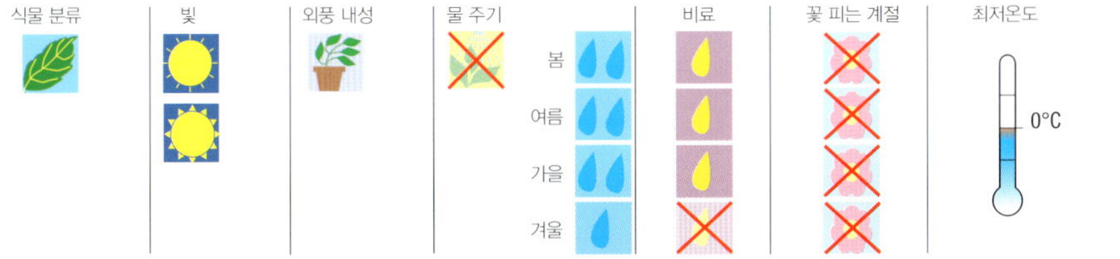

Ardisia crenata
백량금 ✻ Hen's Eye, Coralberry

과명_ 자금우과 *Myrsinaceae*

용도 | 봄부터 가을까지 실내, 온실, 일광욕실에서 기르는 장식용 식물이다.
원산지 | 북인도, 중국, 한국, 일본, 대만
식물형태 | 작은 관목으로, 잎은 가죽처럼 두껍고 광택이 나며 가장자리가 구불거린다. 향기가 나는 흰색 꽃이 핀 후 광택이 나는 붉은색 열매가 맺히는데 6개월 정도 감상할 수 있다.
빛과 장소 | 간접광에서 자라며 직사광에서는 잎이 시들어 말라 죽으므로 주의한다.
온도 | 따뜻한 곳(20도)을 좋아하며, 7도까지 견딜 수 있다.
물 주기 | 규칙적으로 물을 주고, 겨울철에는 물을 가끔 준다. 토양이 마르지 않게 유지해야 한다.
비료 | 봄부터 가을에 관엽식물용 복합비료를 2주에 한 번 주고, 겨울에는 주지 않는다.
특별관리 | 겨울철은 휴면기이므로 빛이 있는 서늘한 장소(10-15도)에서 기르고, 매년 봄에 전정을 하고 분을 갈아준다.
해충과 질병 | 쥐똥나무벌레, 깍지벌레, 잿빛곰팡이병
품종 | 없음
번식 | 봄에 씨를 뿌리거나, 가을에 새로 나와서 반쯤 굳은 가지를 잘라 꽂는다.

 식물 분류
 빛
 외풍 내성
 물 주기
 비료
 꽃 피는 계절
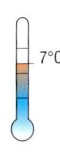 최저온도 7°C

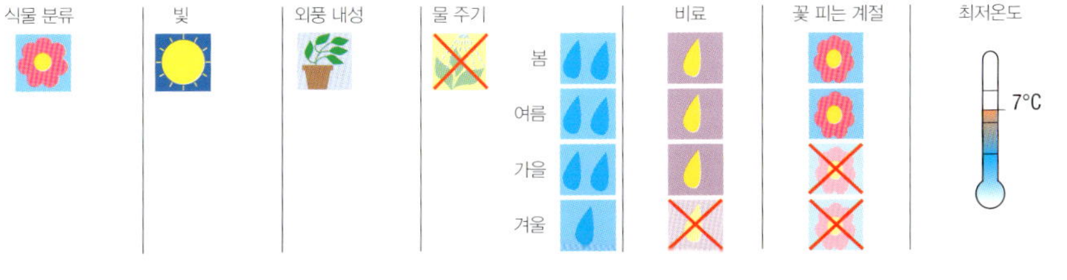

Asparagus densiflorus
아스파라거스

※ 여우꼬리 고사리
Asparagus Fern, Foxtail Fern

과명_ 아스파라거스과
Asparagaceae

용도 | 실내, 온실, 일광욕실에 적합한 장식미 높은 관엽식물
원산지 | 남아프리카
식물형태 | 가지가 많고, 작은 연녹색 잎으로 뒤덮여 있으며 줄기가 부드러운 관목이다. 작고 향기나는 흰색 꽃이 피고 나면 빨간 열매가 열린다. 잎처럼 보이는 것은 잎이 아니라 바늘 같은 줄기이고 실제 잎은 가시의 형태로 변했다.
빛과 장소 | 직사광, 간접광을 좋아한다.
온도 | 따뜻한 곳(20도)을 좋아하고, 8도까지 견딜 수 있다.
물 주기 | 봄부터 가을까지는 규칙적으로 물을 주고, 물주기 전에 반드시 토양이 말랐는지 확인한다. 겨울철에는 토양을 건조하게 유지한다. 이 식물의 뿌리는 덩어리져 있으므로 2-3주 정도는 건조해도 견딜 수 있다.
비료 | 봄부터 가을에 한 달에 한 번 관엽식물용 복합비료를 주고, 겨울철에는 주지 않는다.
특별관리 | 줄기를 잘라주면 식물을 더욱 무성하게 기를 수 있는데, 물을 주고 나서 오래된 잎을 제거하도록 한다. 겨울은 휴면기이므로 빛이 있는 서늘한 곳(10-15도)에서 기르고, 3년에 한 번 봄에 분을 갈아준다.
해충과 질병 | 진딧물, 거미응애, 잿빛곰팡이병
품종 | 마이어(Meyers) 품종은 가지가 위로 자라는 형태이고, 스프렌게리(Sprengeri)는 아치 형태의 솜털같은 줄기를 가지고 있다. 팔카투스(*A. falcatus*)종의 잎은 좁은 낫 모양이며 위로 자란다. 세타케우스(*A. setaceus*)는 작은 바늘 모양의 가지에 고사리 같은 잎이 있다.
번식 | 이른 봄에 씨를 뿌리거나 포기를 나눈다.

식물 분류	빛	외풍 내성	물 주기	비료	꽃 피는 계절	최저온도
						 8°C

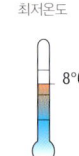

Aspidistra elatior
엽란 ✳ Aspidistra

과명_ 은방울꽃과 *Convallariaceae*

용도 | 실내, 온실, 일광욕실에 적합한 조형미 있는 관엽식물
원산지 | 중국
식물형태 | 두꺼운 뿌리와 크고 반짝이는 진녹색의 잎, 가죽같은 질감의 긴 줄기를 가진 생명력이 강한 식물이다. 꽃은 크림색과 밤색의 종 모양이며 토양 가까이에서 피나, 거의 피지 않는다.
빛과 장소 | 그늘진 곳이나 간접광에서 자라고, 직사광은 피한다.
온도 | 서늘한 곳(15도)을 좋아하고, 특히 겨울에는 서늘하게 기른다. 7도까지 견딜 수 있다.

물 주기 | 규칙적으로 물을 주며, 물 주기 전에는 토양이 말랐는지 확인한다. 식물을 서늘한 곳에서 키울 때는 물을 적게 준다. 습도가 낮은 곳에서도 견딜 수 있다.
비료 | 봄부터 가을에 2주에 한 번 관엽식물용 복합비료를 주고, 겨울철에는 주지 않는다.
특별관리 | 3-4년에 한 번 이른 봄에 분을 갈아준다.
해충과 질병 | 쥐똥나무벌레, 깍지벌레, 거미응애
품종 | 잎에 크림색 줄무늬가 있는 품종도 있다.
번식 | 봄에 포기 나누기를 한다.

식물 분류
빛
외풍 내성
물 주기
봄 여름 가을 겨울
비료
꽃 피는 계절
최저기온
7°C

Asplenium nidus
파초일엽 ※ 섬섬고사리 Bird's-Nest Fern

과명_ 꼬리고사리과 *Aspleniaceae*

식물 분류

빛

외풍 내성

물 주기

봄 여름 가을 겨울

비료

꽃 피는 계절

최저기온
10°C

용도 | 실내, 온실, 여름철 일광욕실에 적합한 조형미 있는 고사리류 식물
원산지 | 동아프리카, 열대아시아, 호주, 폴리네시아
식물형태 | 창 모양의 반짝이는 잎이 로제트 형태로 나오면서 둥지 모양으로 자란다. 매우 짧은 근경을 가진 착생형 고사리이다.
빛과 장소 | 그늘에서 간접광에서 자라며, 직사광은 피한다.
온도 | 따뜻한 곳(20도)을 좋아하고, 10도까지 견딜 수 있다.
물 주기 | 규칙적으로 물을 주고, 겨울에는 횟수를 줄인다. 토양이 건조한 것을 거의 견디지 못한다.
비료 | 봄부터 가을까지 한 달에 한 번 관엽식물용 복합비료를 주고, 겨울에는 주지 않는다. 2년마다 봄에 분을 갈아준다.
특별관리 | 습하고 어두운 장소를 좋아하며, 자주 분무해준다.
해충과 질병 | 진딧물, 쥐똥나무벌레, 깍지벌레, 잿빛곰팡이병
품종 | 안티쿰(*A. antiquum*)종은 모양은 비슷하지만 잎 가장자리의 물결무늬가 강하다.
번식 | 포자로 번식한다.

Beaucarnea recurvata
뷰카르네아 * Ponytail Palm / Elephant's Foot

과명_ 드라세나과 *Dracaenaceae*

용도 | 실내, 온실, 일광욕실에 적합한 조형미 있는 관엽식물로 생명력이 강하다.

원산지 | 멕시코

식물형태 | 둥글거나 길게 자란 줄기가 밑에서부터 부풀어 자라며 길고 흔들거리는 잎은 로제트 형태이다.

빛과 장소 | 직사광이나 간접광 아래에서 자라고, 짧은 기간은 그늘진 곳에서도 견딜 수 있다.

온도 | 따뜻한 곳(25도)을 좋아하고, 겨울철에는 서늘한 곳에 둔다. 5도까지 견딜 수 있다.

물 주기 | 봄부터 가을까지 규칙적으로 물을 주고, 물 주기 전에는 토양 표면이 말랐는지 확인한다. 이 식물은 한 달 정도는 건조해도 견디며, 서늘한 곳에서 기를 경우 물 주는 횟수를 줄여야 한다. 습도가 낮은 곳에서도 자랄 수 있다.

비료 | 봄부터 가을에 한 달에 한 번 관엽식물용 복합비료를 주고, 겨울에는 주지 않는다.

특별관리 | 겨울에는 빛이 있고 10-15도 정도 되는 서늘한 장소에서 기르고, 3년에 한번 봄에 분을 갈아준다.

해충과 질병 | 없음

품종 | 없음

번식 | 봄에 씨를 뿌린다.

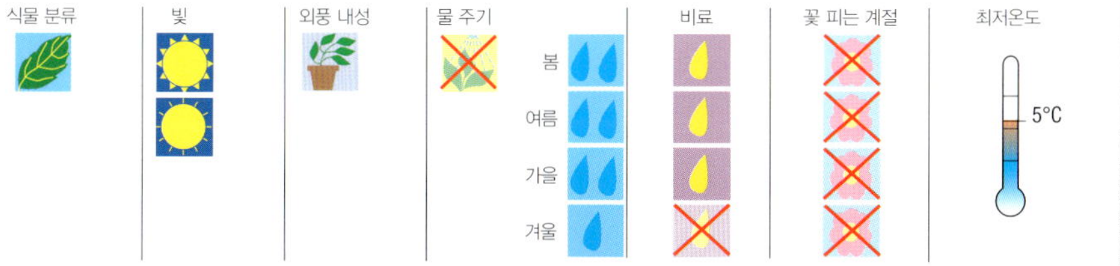

식물 분류	빛	외풍 내성	물 주기	비료	꽃 피는 계절	최저온도
						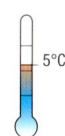 5°C

Begonia elatior
엘라티올 베고니아 ✽ Elatior Begonia

과명 _ 베고니아과 *Begoniaceae*

용도 | 실내, 온실, 일광욕실, 여름에는 실외에서도 기를 수 있는 꽃 피는 장식용 식물
식물형태 | 크고 진한 녹색 잎이 무성한 초본성 식물로, 꽃은 홑꽃 또는 겹꽃이 있으며, 흰색, 노랑색, 분홍색, 붉은색, 자주색 등 다양한 색상의 꽃이 핀다.
빛과 장소 | 간접광에서 자라고, 직사광은 피한다.
온도 | 따뜻한 곳(20도)을 좋아하고, 5도까지 견딜 수 있다.
물 주기 | 봄과 여름에는 자주 물을 주고, 가을, 겨울에는 횟수를 줄인다. 건조한 것을 싫어한다.
비료 | 봉오리가 생기고 꽃이 피는 기간에는 한 달에 한 번 관엽식물용 복합비료를 준다.
특별관리 | 흰가루병이 걸리지 않도록 통풍이 잘 되는 장소에서 기른다. 꽃이 진 후에는 꽃을 따준다.
해충과 질병 | 진딧물, 거미응애, 잿빛곰팡이병, 흰가루병

품종 | 꽃 색상에 따라 다양한 품종이 있다. 로레인(*B. lorraine*)종은 크리스마스 즈음에 잘 팔리는데, 흰색, 분홍색의 작은 꽃이 많이 달린다.
번식 | 이른 봄에 줄기나 가지 끝을 잘라 번식시킨다.

 식물 분류　 빛　외풍 내성　물 주기　 비료　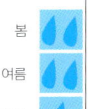 꽃 피는 계절　 최저온도    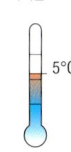 5°C

Begonia rex
렉스 베고니아 ※ 잎 베고니아 Rex Begonia

과명 _ 베고니아과 *Begoniaceae*

용도 | 실내에서 기르는 관엽식물
원산지 | 인도
식물형태 | 비대칭 하트 모양의 잎이 무성한 초본성 식물이며 분홍색, 초록색, 은색, 빨간색, 자주색, 갈색 무늬가 있다.
빛과 장소 | 간접광을 좋아하고, 직사광은 피한다.
온도 | 따뜻한 곳(20도)을 좋아하고, 10도까지 견딜 수 있다.
물 주기 | 봄부터 가을까지는 규칙적으로 물을 주고, 토양 표면이 약간 말랐을 때 물을 준다. 겨울철에는 물주기를 줄이고, 높은 습도를 유지하기 위해 자주 분무해준다.
비료 | 봄부터 가을까지 한 달에 한 번 관엽식물용 복합비료를 주고, 겨울에는 주지 않는다.
특별관리 | 습도가 높은 것을 좋아하고, 공기가 건조할 경우 흰가루병에 걸릴 수 있다. 매년 봄에 분을 갈아준다.
해충과 질병 | 진딧물, 거미응애, 잿빛곰팡이병
품종 | 잎의 색과 크기에 따라 많은 종과 품종이 있다. 보웨리(*B. boweri*)종은 녹색과 갈색이 섞인 작은 잎을 가지고 있으며, 잎 가장자리에 털이 나 있고, 작은 흰색 꽃이 핀다.
번식 | 이른 봄에 잎이나 줄기, 가지끝 부분을 잘라 번식시킨다.

식물 분류	빛	외풍 내성	물 주기	비료	꽃 피는 계절	최저온도
		❌		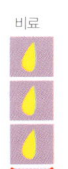		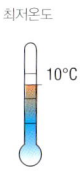 10°C

Bougainvillea glabra
부겐빌레아 * Purple Bougainvillea, Paper Flower

과명 _ 분꽃과 *Nyctaginaceae*

용도 | 실내, 온실, 일광욕실, 여름철에는 실외에도 적합한 꽃 피는 덩굴성 식물이며, 작은 시렁이나 틀에 올려 기르기에 좋다.

원산지 | 브라질

식물형태 | 꽃이 피는 덩굴식물로 튼튼하며, 밝은 초록색 잎이 나는 잎겨드랑이에 구부러진 가시가 나와 기어오른다. 잘 보이지 않는 흰색 꽃을 둘러싸고 있는 자주, 분홍, 노랑, 흰색 등 선명한 색상의 포엽을 감상한다.

빛과 장소 | 직사광을 좋아하고, 간접광에서도 자란다.

온도 | 따뜻한 곳(20도)을 좋아하고, 겨울철에는 서늘한 곳에서 키운다. 5도까지 견딜 수 있다.

물 주기 | 물을 너무 많이 주면 뿌리가 썩어서 죽는다. 식물이 자라는 시기에는 규칙적으로 물을 주고, 서늘한 곳에서 키우는 겨울철에는 물 주는 횟수를 줄인다. 물 주기 전에 토양이 말랐는지 확인한다.

비료 | 봄부터 가을까지 2주에 한 번 관엽식물용 복합비료를 주고, 겨울에는 주지 않는다.

특별관리 | 격자나 틀로 타고 올라갈 수 있는 구조물을 세운다. 가을에는 자란 가지를 잘라주고, 겨울철에는 휴면기에 들어가므로 빛이 있는 서늘한 곳 (5-12도)에서 기른다. 매년 봄에 분을 갈아준다.

해충과 질병 | 진딧물, 쥐똥나무벌레, 깍지벌레, 거미응애, 온실가루이, 잿빛곰팡이병

품종 | 크기와 포엽의 색상에 따라 다양한 품종이 많다. 알렉산드라(Alexandra)는 잎이 작고 광택이 나며, 진한 자주색 포엽을 가지고 있다. 데니아(Dania)는 잎이 크고, 포엽은 작으면서 자주빛이 도는 붉은색이며 꽃은 뭉쳐서 핀다. 베라딥퍼플(Vera Deep Purple)은 잎이 크고, 밝은 자주색 포엽이 핀다.

번식 | 여름철에 새로 나온 가지나, 지난해 생장한 가지 중 반쯤 굳은 가지를 잘라 꽂는다.

식물 분류	빛	외풍 내성	물 주기		비료	꽃 피는 계절	최저온도
			봄 여름 가을 겨울	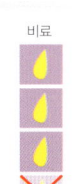		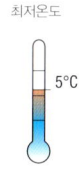	5°C

식물 분류

빛

외풍 내성

물 주기

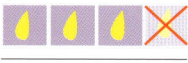

비료

꽃 피는 계절

최저기온
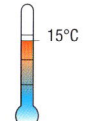
15°C

Bouvardia
부바르디아 ✽ Bouvardia

과명 _ 꼭두서니과 *Rubiaceae*

용도 | 실내, 온실, 여름철에는 일광욕실에서 기르며 꽃이 피는 장식적 식물이다.
식물형태 | 빽빽히 자라는 꽃 피는 관목으로, 광택이 나는 잎은 줄기를 중심으로 마주 보고 자란다. 분홍, 빨강, 연보라, 흰색 등의 통꽃이 무리지어 피며, 꽃봉오리는 작은 풍선처럼 생겼다.
빛과 장소 | 직사광을 좋아하며, 간접광에서도 견딜 수 있다.
온도 | 따뜻한 곳(20도)을 좋아하며, 15도까지 견딜 수 있다.
물 주기 | 식물이 꽃 피는 시기에는 토양이 항상 축축해야 한다. 건조에 약하다.
비료 | 꽃 피는 시기에는 2주에 한번 관엽식물용 복합비료를 주고, 그 외에는 비료를 주지 않는다.
특별관리 | 꽃이 새로 피게 하려면 오래된 꽃 덩어리를 잘라내야 한다. 꽃 피는 시기가 끝나면 식물을 버린다.
해충과 질병 | 진딧물, 거미응애, 온실가루이, 잿빛곰팡이병, 흰가루병
품종 | 꽃의 색상이 다양한 품종이 많이 있다.
번식 | 봄에 줄기 끝부분을 잘라서 번식상에 꽂아두고 뿌리 근처 온도를 20–22도로 유지한다.

Brugmansia sanguinea
천사의 나팔꽃
❋ Red Angel's Trumpet

과명 _ 가지과 Solanaceae

용도 | 실내, 온실, 일광욕실, 여름철 실외에 적합한 꽃 피는 관목
원산지 | 콜롬비아, 에쿠아도르, 페루, 칠레 북부
식물형태 | 털이 있고 벨벳 같은 커다란 타원형 잎이 달린 관목이다. 흔들듯 매달려 있는 통꽃은 초록색 꽃받침과 노랑, 빨강, 주황색 화관으로 이루어져 있다.
빛과 장소 | 간접광을 좋아하며, 직사광은 피한다.
온도 | 따뜻한 곳(20도)을 좋아하며, 겨울철에는 서늘한 곳에서 기른다. 5도까지 견딜 수 있다.
물 주기 | 생장하는 시기에는 규칙적으로 물을 주며, 흙이 다 마른 후에 물을 준다. 겨울에는 물 주는 횟수를 줄인다. 물을 너무 많이 주면 꽃이 피지 않으며, 꽃이 피어 있는 시기에는 토양이 마르지 않도록 주의한다.
비료 | 봄부터 가을에 2주에 한 번 관엽식물용 복합비료를 준다. 겨울에는 주지 않는다.
특별관리 | 가을에 긴 가지를 자른다. 겨울철은 휴면기이므로 5-10도에서 건조하고 서늘하게 기른다. 봄에 분을 갈고, 긴 가지를 자르고, 물을 주기 시작한다.
해충과 질병 | 쥐똥나무벌레, 깍지벌레, 거미응애
품종 | 칸디다(*B. candida*)는 흔들거리는 흰색 꽃이 피며, 향기가 좋다. 아르보레아(*B. arborea*)는 작은 관목으로 향기로운 흰색 꽃이 핀다. 아우레아(*B. aurea*)는 밤에 향기가 나는 흰색 또는 황금색 꽃이 핀다. 수아베올렌스(*B. suaveolens*)는 밤에 향기가 나는 흰색 꽃이 피는 큰 관목이다.
번식 | 새로 나온 가지를 봄이나 여름에 잘라서 꽂는다.

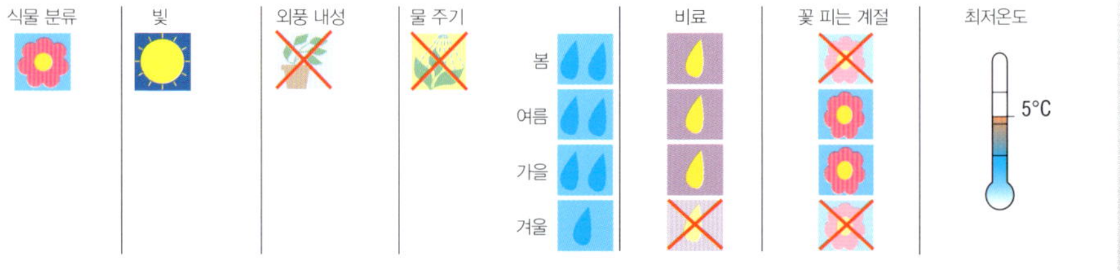

식물 분류	빛	외풍 내성	물 주기	비료				꽃 피는 계절				최저온도
				봄	여름	가을	겨울	봄	여름	가을	겨울	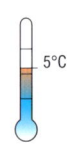 5°C

Caladium bicolor
칼라디움 ✳ Elephant's Ear

과명 _ 천남성과 *Araceae*

용도 | 실내에 적합한 관엽식물이며, 여름에는 실외의 그늘진 곳에서도 기를 수 있다.
원산지 | 에쿠아도르
식물형태 | 하트 모양 잎에 분홍, 흰색, 자주, 크림, 연두색 등 다양한 색상의 반점이 있는 다년생의 괴경 식물이다.
빛과 장소 | 간접광을 좋아한다. 직사광은 피해야 하지만, 그늘진 곳에서 기르면 잎의 색상이 선명하지 못하다.
온도 | 따뜻한 곳(25도)을 좋아하며, 18도까지 견딜 수 있다.
물 주기 | 생장기에는 물을 규칙적으로 충분히 주며, 반드시 물주기 전에는 토양이 말랐는지 확인하고 준다. 휴면기 동안에는 물을 주지 않는다. 물을 많이 주면 식물이 죽지만, 공기 중 습도가 높아야 하므로 자주 분무해준다.
비료 | 봄부터 가을에 2주에 한 번 관엽식물용 복합비료를 준다. 겨울에는 주지 않는다.
특별관리 | 겨울에는 휴식이 필요하다. 가을에 물주기를 멈추면, 식물이 뿌리만 남고 마르기 시작한다. 괴경을 건조하게 하여 18도 정도에서 겨울을 보내고, 이른 봄에 괴경을 다른 화분에 옮겨 심고 물을 주기 시작한다.

해충과 질병 | 진딧물, 거미응애
품종 | 잎의 색상에 따라 매우 많은 종류의 교배종과 품종이 있다.
번식 | 봄에 포기를 나누어 심는다.

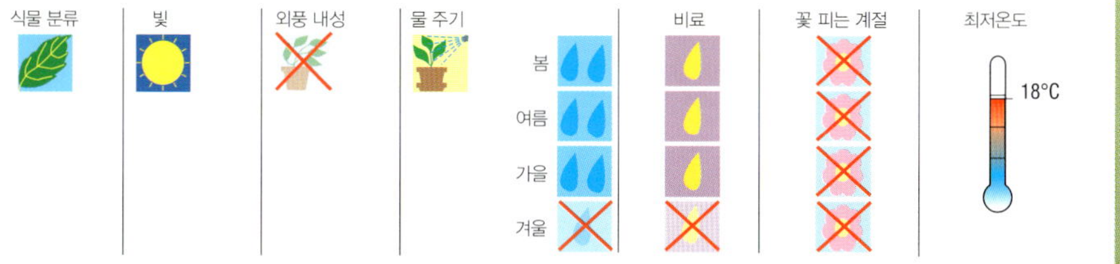

식물 분류	빛	외풍 내성	물 주기	비료	꽃 피는 계절	최저온도
		❌		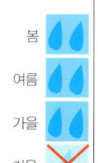		 18°C

Calathea roseopicta
칼라데아 ✽ Calathea

과명 _ 마란타과 *Marantaceae*

식물 분류

빛

외풍 내성

물 주기

봄 여름 가을 겨울

비료

꽃 피는 계절

최저기온

18°C

용도 | 실내에서 기르는 관엽식물
원산지 | 브라질
식물형태 | 짧은 줄기에 둥근 잎이 빽빽하게 자라는 초본성 식물로, 짙은 올리브색의 잎에 잎맥과 잎 가장자리 무늬는 붉은색이며, 잎 뒷면은 자주색이다.
빛과 장소 | 간접광을 좋아하고 직사광은 피한다.
온도 | 따뜻한 곳(25도)을 좋아하고 18도 이하에서는 자라기 어렵다.
물 주기 | 건조한 것을 견디지 못하므로, 흙은 항상 축축해야 하고 자주 분무해 주어야 한다.

비료 | 봄부터 가을에 한 달에 한 번 관엽식물용 복합비료를 준다. 겨울에는 주지 않는다.
특별관리 | 2~3년에 한 번 봄에 분을 갈아준다.
해충과 질병 | 거미응애
품종 | 마코야나(*C. makoyana*)는 잎 줄기가 길고, 올리브색과 연두색의 잎에는 무늬가 있다. 루피바르바 (*C. rufibarba*)의 잎은 긴 타원형에 가장 자리가 구불거리며 줄기는 진한 자주색이다. 제브리나(*C. zebrina*)는 키가 크고 잎맥을 중심으로 양쪽에 진한 녹색 반점이 있다.
번식 | 늦은 봄에 포기나누기를 한다.

Callistemon citrinus
병솔나무 ※ Crimson Bottlebrush

과명 _ 도금양과 *Myrtaceae*

용도 | 실내, 온실, 일광욕실에 적합하며 꽃이 피는 관목으로 생명력이 강하다. 여름철에는 실외에서도 기를 수 있다.
원산지 | 호주
식물형태 | 키가 작고 가지가 늘어지는 관목. 잎은 단단하고 길며, 꽃은 솔 모양의 심홍색 수술과 노란색 꽃밥으로 이루어져 있다. 잎을 문지르면 레몬향이 난다.
빛과 장소 | 직사광을 좋아하며, 간접광에서도 견딜 수 있다.
온도 | 따뜻한 곳을 좋아하며, 겨울철에는 서늘한 곳에 둔다. 0도까지 견딜 수 있으며, 건조한 공기를 잘 견딘다.
물 주기 | 물을 많이 주면 뿌리가 썩어 죽는다. 봄부터 가을까지 연수를 규칙적으로 주고, 물 주기 전에는 토양이 말랐는지 확인한다. 겨울철에는 물 주는 횟수를 줄인다.
비료 | 봄부터 가을에 관엽식물용 복합비료를 한 달에 한 번 주고, 겨울에는 주지 않는다.
특별관리 | 겨울에 휴면기로 들어가도록 빛이 있는 서늘한 장소(5도)에서 기른다. 매년 봄에 분을 갈아주고 꽃이 핀 후에는 가지를 잘라준다.
해충과 질병 | 곰팡이병

품종 | 스플렌덴스(Splendens)는 크고 넓은 잎에 진한 빨강색 꽃이 핀다. 제퍼시(Jeffersi)는 캘리포니아 품종으로 넓고 짧은 잎에 자주색 꽃이 핀다.
번식 | 여름과 가을에 새로 나온 가지나 새로 나와서 반쯤 굳은 가지를 잘라 꽂는다.

Campanula carpatica
캄파눌라 ✽ Campanula

과명 _ 초롱꽃과 *Campanulaceae*

용도 | 실내, 온실, 일광욕실에 적합한 꽃 피는 초본성 식물. 봄부터 가을까지는 실외에서 기를 수 있고 생명력이 강한 다년생 식물이다.
원산지 | 유럽
식물형태 | 하트 모양의 잎에 종 모양의 홑꽃 또는 겹꽃이 매력적인 아담한 다년생 식물로 흰색 또는 푸른색 꽃이 핀다.
빛과 장소 | 직사광과 간접광에서 자란다.
온도 | 서늘한 장소(15도 이하)를 좋아하며, 0도까지 견딜 수 있다.
물 주기 | 건조에 약하므로 토양은 습하게 유지하며, 특히 여름에는 물을 자주 주어야 한다.
비료 | 봄부터 가을까지 관엽식물용 복합비료를 한 달에 한 번 주고, 겨울철에는 주지 않는다.
특별관리 | 오래된 꽃은 제거해서 새로 꽃봉오리가 생길 수 있도록 자리를 마련해주고, 꽃이 핀 후에는 버리거나 정원에 옮겨 심는다.
해충과 질병 | 진딧물, 거미응애, 온실가루이, 흰가루병, 잿빛곰팡이병
종/품종 | 소페도 블루 벨(Thorpedo Blue Bell) 품종은 겹꽃이 피고, 이소필라(*C. isophylla*)종은 흰색 또는 푸른색의 별 모양 꽃이 핀다. 겟미(Get Me)는 하트 모양의 잎이 나고 자주빛이 도는 푸른색 종 모양의 꽃이 무리지어 피며 가지가 늘어져 자란다. 포스차르스키아나(*C. poscharskyana*)는 가지가 늘어지고, 꽃은 파란색이지만 중심의 별 모양은 흰색이다.
번식 | 꽃이 핀 후에 새로 나오는 줄기 끝을 잘라 꽂는다.

식물 분류	빛	외풍 내성	물 주기	비료	꽃 피는 계절	최저온도
			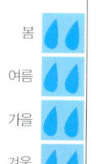			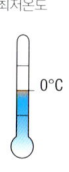

Capsicum annuum
관상고추 ※ Ornamental Pepper

과명 _ 가지과 *Solanaceae*

용도 | 실내, 온실, 일광욕실이나 여름에는 실외에 적합한 관상용 고추. 요리에도 이용할 수 있다.
원산지 | 멕시코
식물형태 | 창 모양의 진녹색 잎을 가진 아담한 크기의 일년초이다. 작은 흰색 꽃이 핀 후 강렬한 색상의 장식용 고추가 열리는데, 익으면서 열매 색상이 변한다.
빛과 장소 | 직사광을 좋아하며, 간접광에서 견딜 수 있다.
온도 | 따뜻한 곳(20도)을 좋아하며, 5도까지 견딜 수 있다.
물 주기 | 물을 많이 주면 뿌리가 썩어 죽는다. 규칙적으로 물을 주되 흙이 다 말랐을 때 준다.
비료 | 봄부터 가을까지 관엽식물용 복합비료를 한 달에 한 번 주고, 겨울철에는 주지 않는다.
특별관리 | 열매를 맺고 나면 버린다.
해충과 질병 | 진딧물, 잿빛곰팡이병
품종 | 고추의 크기와 색상에 따라 다양한 품종이 있다.
번식 | 고추를 말려서 씨를 받았다가 봄에 뿌린다.

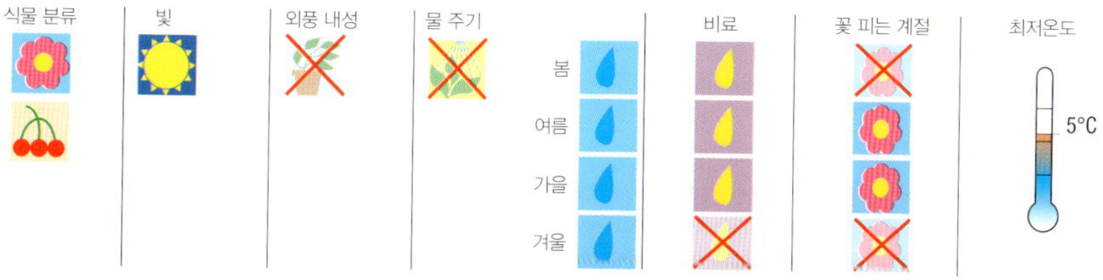

식물 분류	빛	외풍 내성	물 주기		비료	꽃 피는 계절	최저온도
				봄 여름 가을 겨울 			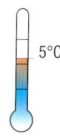 5°C

Cereus peruvianus
귀면각기둥선인장 ※ Peruvian Cactus

과명 _ 선인장과 *Cataceae*

용도 | 실내, 온실, 일광욕실에 적합한 조형미 있는 선인장으로 컴퓨터, TV, 휴대전화기 근처에 두면 전자파를 막아준다고 한다.
원산지 | 남아메리카, 플로리다 남동부
식물형태 | 갈색 가시가 나 있고, 광택이 나는 통통한 진녹색 가지에 가는 골이 진 형태이다.
빛과 장소 | 직사광선을 좋아하며, 간접광에서도 견딜 수 있다.
온도 | 따뜻한 곳(25도)를 좋아하며, 5도까지 견딜 수 있는 식물로 겨울철에는 서늘한 곳에서 기른다.
물 주기 | 물 주기 전에 토양이 말랐는지 확인하고 물을 주며, 봄부터 가을까지는 간헐적으로 물을 준다. 겨울철에 서늘한 장소에 기른다면 토양을 건조하게 해준다.
비료 | 봄부터 가을에 한 달에 한 번 관엽식물용 복합비료를 주고, 겨울에는 주지 않는다.
특별관리 | 기르기 쉬운 식물로, 겨울철에는 서늘한 곳을 좋아하므로 10-15도에서 기른다. 2-3년에 한번 이른 봄에 분을 갈아준다.
해충과 질병 | 쥐똥나무 벌레, 깍지벌레, 거미응애
품종 | 몬스트로서스(Monstrosus) 품종은 윗부분이 평평하고, 불규칙한 모양이다.
번식 | 봄부터 여름에 줄기를 잘라 화분에 심은 후에 2-3일간 토양을 건조하게 해준다.

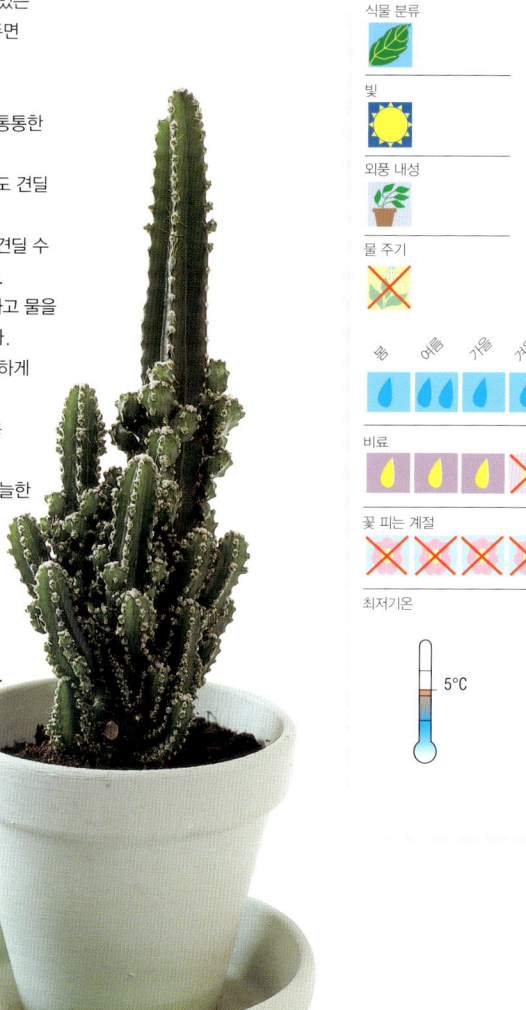

식물 분류

빛

외풍 내성

물 주기

봄 여름 가을 겨울

비료

꽃 피는 계절

최저기온

5°C

Ceropegia linearis ssp. woodii
러브체인 ✽ Rosary Vine
과명_ 박주가리과 *Asclepiadaceae*

용도 | 실내, 온실, 일광욕실서 자라며 가지가 늘어지는 형태의 다육식물
원산지 | 남아프리카, 짐바브웨
식물형태 | 늘어지는 가느다란 가지에 하트 모양의 진녹색 잎과 자주색 꽃이 핀다. 잎의 앞면은 은색, 뒷면은 자주빛이 돌며, 줄기가 땅에 닿으면 마디에서 뿌리가 내린다.
빛과 장소 | 직사광을 좋아하며 간접광에서도 견딜 수 있다.
온도 | 따뜻한 곳(25도)을 좋아하며, 겨울철에는 서늘하게 기른다. 0도까지 견딜 수 있다.
물 주기 | 많이 주면 뿌리가 썩어 죽는다. 봄부터 가을까지는 물을 조금씩 주고, 겨울철에는 건조하게 유지한다.
비료 | 봄부터 가을까지는 관엽식물용 복합비료를 한 달에 한 번 주고, 겨울에는 주지 않는다.
특별관리 | 잎에 닿지 않게 물을 준다. 겨울철은 휴면기이므로 빛이 있고 서늘한 (5-10도) 장소에서 기른다. 3년에 한 번 봄에 분을 갈아준다.
해충과 질병 | 진딧물, 거미응애
품종 | 산데르소니(*C. sandersonnii*)종은 작고, 계란형의 잎에 낙하산을 닮은 녹색의 꽃이 핀다.
번식 | 봄부터 가을에 줄기에 마디가 포함되도록 잘라 꽂는다.

식물 분류	빛	외풍 내성	물 주기	비료	꽃 피는 계절	최저온도
			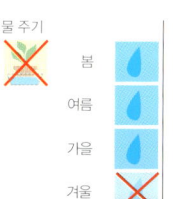	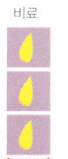	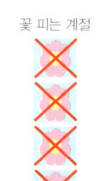	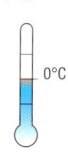

Chamaedorea elegans
테이블야자 ※ Parlor Palm

과명 _ 야자과 *Arecaceae*

용도 | 실내, 온실, 일광욕실에 적합한 조형미 있는 야자식물
원산지 | 멕시코, 과테말라
식물형태 | 작고 우아하며 가는 줄기가 뭉쳐서 올라와 자란다. 깃털처럼 생긴 진녹색 잎이 방사형으로 나며 노란색, 검은색 열매를 맺는다.
빛과 장소 | 그늘진 곳, 간접광에서 자라며, 직사광은 피한다.
온도 | 따뜻한 곳(20도)을 좋아하며, 10도까지 견딜 수 있다.
물 주기 | 토양을 항상 습하게 유지하고, 특히 여름철에는 토양이 마르지 않도록 주의한다. 건조에 약하다.
비료 | 봄부터 가을까지 한 달에 한 번 관엽식물용 복합비료를 주고, 겨울에는 주지 않는다.
특별관리 | 햇빛을 너무 많이 쪼이면 잎이 노랗게 변한다. 매년 봄에 분을 갈아준다.
해충과 질병 | 쥐똥나무 벌레, 깍지벌레, 거미응애
품종 | 코스타리카나(*C. costaricana*)종은 진녹색 줄기에 대나무를 닮은 커다란 깃털모양 잎이 있다.
번식 | 봄에 씨를 뿌린다.

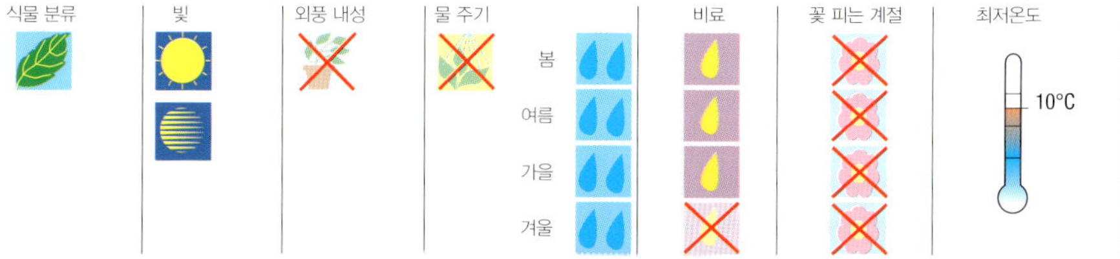

85

식물 분류	빛	외풍 내성	물 주기	비료	꽃 피는 계절	최저온도
						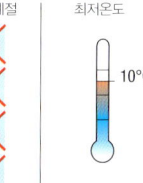 10°C

Chlorophytum comosum
접란 * Spider Plant

과명 _ 앤서리카세아과 *Anthericaceae*

용도 | 실내, 온실, 일광욕실에서 자라는 관엽식물로 생명력이 강하다. 지면을 덮는 용도나 걸이화분용으로 적합하다.
원산지 | 남아프리카
식물형태 | 길고 좁은 잔디처럼 생긴 잎 중앙에 흰색 줄무늬가 있으며, 로제트 형태로 자라는 다년생 식물이다. 늘어진 잎 끝에 새끼화초가 달리고 기다란 흰색 꽃이 핀다.
빛과 장소 | 간접광을 좋아하며, 직사광은 피한다.
온도 | 따뜻한 곳(25도)을 좋아하며 겨울에는 서늘하게 키우고, 5도까지 견딜 수 있다.
물 주기 | 봄부터 가을까지는 물을 충분히 주고, 겨울에는 물을 적게 준다. 높은 습도를 유지하기 위해 자주 분무해준다.
비료 | 봄부터 가을에 한 달에 한 번 관엽식물용 복합비료를 주고 겨울철에는 주지 않는다.
특별관리 | 습도가 높아야 잘 자란다. 겨울철에는 서늘하게 (섭씨 10~15도) 기르고, 2년에 한 번 이른 봄에 분을 갈아준다.
해충과 질병 | 거미응애
품종 | 잎의 모양이나 잎 중앙에 들어간 무늬의 색상에 따라 몇 가지 품종이 있다.
번식 | 연중 언제든지 새끼화초를 떼어 내어 새 화분에 심는다.

식물 분류

빛

외풍 내성

물 주기

비료

꽃 피는 계절

최저기온
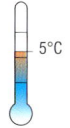
5°C

Chrysalidocarpus lutescens
아레카야자
※ Butterfly Palm, Areca Palm

과명 _ 야자과 *Arecaceae*

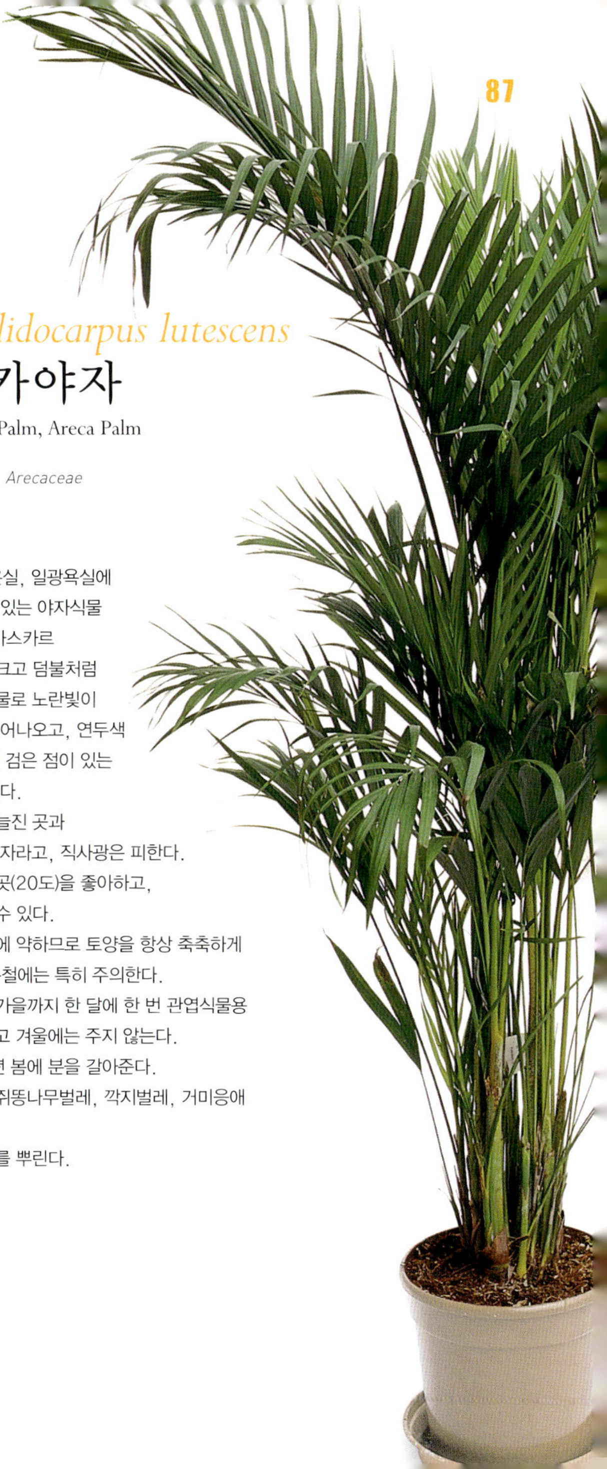

용도 | 실내, 온실, 일광욕실에 적합한 조형미 있는 야자식물
원산지 | 마다가스카르
식물형태 | 키 크고 덤불처럼 자라는 야자식물로 노란빛이 도는 줄기가 뻗어나오고, 연두색 깃털 모양 잎이 검은 점이 있는 줄기에 붙어 있다.
빛과 장소 | 그늘진 곳과 간접광 아래서 자라고, 직사광은 피한다.
온도 | 따뜻한 곳(20도)을 좋아하고, 5도까지 견딜 수 있다.
물 주기 | 건조에 약하므로 토양을 항상 축축하게 유지하고, 여름철에는 특히 주의한다.
비료 | 봄부터 가을까지 한 달에 한 번 관엽식물용 복합비료를 주고 겨울에는 주지 않는다.
특별관리 | 매년 봄에 분을 갈아준다.
해충과 질병 | 쥐똥나무벌레, 깍지벌레, 거미응애
품종 | 없음
번식 | 봄에 씨를 뿌린다.

Cissus striata
미니 포도담쟁이
※ Miniature Grape Ivy

과명 _ 포도과 *Vitaceae*

용도 | 실내, 온실, 일광욕실, 여름에는 실외에서 기르는 덩굴성 식물로 작은 울타리에 기르면 좋다.
원산지 | 칠레, 브라질 남부
식물형태 | 가늘고 붉은빛이 도는 줄기가 작은 덩굴손을 이용하여 기어오르는 담쟁이식물이다. 가장자리가 톱니모양인 다섯 개의 계란형 잎이 줄기 끝에 달려서 작은 손바닥 모양을 만든다.
빛과 장소 | 직사광과 간접광을 좋아한다.
온도 | 따뜻한 곳(20도)을 좋아하며 0도까지 견딜 수 있다.
물 주기 | 봄부터 가을까지 규칙적으로 물을 주고, 겨울에는 적게 준다. 토양이 마르지 않도록 주의한다.
비료 | 봄부터 가을까지 2주에 한 번 관엽식물용 복합비료를 주고, 겨울에는 주지 않는다.
특별관리 | 2년에 한번 봄에 분을 갈아주고, 급격한 온도변화가 일어나지 않도록 한다.
해충과 질병 | 진딧물, 거미응애, 온실가루이
품종 | 안타르티캐(*C. antarctica*)종은 불규칙한 톱니모양인 계란형 잎이 달리고, 디스컬러(*C. discolor*)종은 잎에 아름다운 붉은색 반점이 있으며, 롬비폴리아(*C. rhombifolia*)종은 잎이 세 개씩 난다.

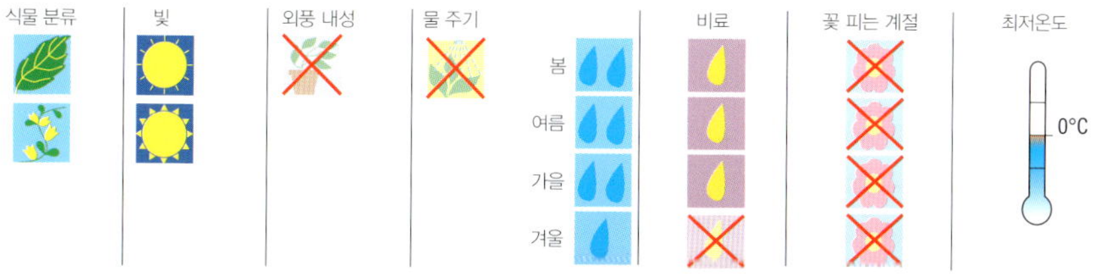

식물 분류	빛	외풍 내성	물 주기	비료		꽃 피는 계절	최저온도
							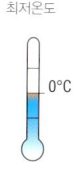

Citrus limon
레몬 ✲ Common Lemon

과명 _ 운향과 *Rutaceae*

용도 | 실내, 온실, 일광욕실, 여름철에는 실외에서 자라는 식물로 열매는 요리에 이용할 수 있다.
원산지 | 미얀마 북부, 중국 남부
식물형태 | 긴 계란형의 잎이 나며 가시가 많은 작은 나무. 향이 좋은 흰색 꽃이 핀 후 녹색 레몬이 열리는데, 익으면서 노란색으로 변한다.
빛과 장소 | 직사광을 좋아하고, 간접광에서도 자랄 수 있다.
온도 | 따뜻한 곳(20도)을 좋아하고, 0도까지 견딜 수 있다.
물 주기 | 봄부터 가을까지 규칙적으로 물을 주고 토양이 다 마른 후에 물을 주도록 한다. 겨울철에는 건조하게 해준다.
비료 | 봄부터 가을까지 한 달에 한 번 관엽식물용 복합비료를 주고, 겨울에는 주지 않는다.
특별관리 | 10월부터 4월까지는 휴면기로, 빛이 있는 서늘한 장소(5도)에서 기른다. 물빠짐이 좋은 토양에서 길러야 하며, 매년 봄에 분을 갈아준다.
해충과 질병 | 거미응애
품종 | 빌라프란카(Villa Franca) 품종은 가시가 거의 없으며 레몬 크기가 크다. 임페리얼(Imperial) 품종도 열매가 매우 크며, 폰데로사(Ponderosa) 품종은 난쟁이 나무로 꽃과 열매가 크다.

식물 분류	빛	외풍 내성	물 주기	비료	꽃 피는 계절	최저온도
			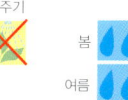			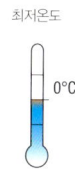

Clematis florida
클레마티스 ※위령선 Florida Clematis

과명 _ 미나리아재비과 *Ranunculaceae*

용도 | 실내, 온실, 일광욕실, 실외에서 기르는 덩굴성 식물로, 꽃이 피며 작은 울타리에 잘 어울린다.
원산지 | 중국
식물형태 | 창처럼 생긴 상록의 잎이 나는 기어오르는 식물이다. 꽃은 흰색, 청보라, 자주색 등이 있고, 보라 또는 연보라색의 수술에 흰색 꽃이 피며 두 가지 색이 섞인 것도 있다.
빛과 장소 | 직사광과 간접광에서 자란다.
온도 | 영하 10도까지 견딜 수 있고 정원에서 겨울을 날 수 있다.
물 주기 | 직사광이 드는 장소에서는 특히 물을 넉넉히 주며, 꽃이 피는 시기에는 토양이 마르면 안된다.
비료 | 봄부터 가을까지 2주에 한 번 관엽식물용 복합비료를 주고, 겨울에는 주지 않는다.
특별관리 | 타고 올라갈 지지대가 필요하며, 꽃이 피고 난 후 가을에 가지를 잘라주어 이듬해 생장을 촉진시킨다. 겨울철에는 빛이 있고, 서늘한(5-10도) 장소에서 기르고, 매년 봄에 분을 갈아준다.
해충과 질병 | 진딧물, 흰가루병
품종 | 흰색, 연보라, 청보라, 자주 등 다양한 색상의 꽃이 있으며, 흰색과 연보라색 수술이 함께 있는 꽃이 피기도 한다.
번식 | 봄부터 여름까지는 새로 나온 가지를 잘라서 사용하고, 늦여름에는 반쯤 굳은 가지를 잘라 꽂는다.

Clerodendrum thomsoniae
클레로덴드롬 ✽ Bleeding-heart Vine

과명 _ 마편초과 *Verbenaceae*

용도 | 꽃이 피는 덩굴식물로 실내, 온실, 일광욕실에서 격자 울타리에 기르기 좋다.
원산지 | 서아프리카, 카메룬
식물형태 | 계란형의 진녹색 잎에 꽃덩어리가 피고 가지가 기어오르는 관목이다. 꽃은 순백색, 분홍색의 꽃받침이 부풀어오른 모습이고, 중앙에 진한 다홍색의 화관이 있다.
빛과 장소 | 간접광을 좋아하고 직사광은 피한다.
온도 | 따뜻한 곳(20도)을 좋아하며 10도까지 견딜 수 있다.
물 주기 | 토양은 항상 습하게 유지하고 마르지 않도록 주의한다.
비료 | 봄부터 가을에 2주에 한 번 관엽식물용 복합비료를 주고, 겨울에는 주지 않는다.
특별관리 | 물이 잘 빠지는 토양에서 기르고, 식물이 자라면 지지대를 대어 준다. 급격한 온도 변화가 일어나면 꽃봉오리가 떨어지므로 주의하고, 매년 봄에 분을 갈아준다.
해충과 질병 | 진딧물, 거미응애, 온실가루이
품종 | 스페시오숨(*C. speciosum*)종은 빨간색 꽃이 피고, 우간덴스 (*C. ugandense*)종은 푸른색 꽃이 작은 나비처럼 핀다. 월리치 (*C. wallichii*)는 흰색 꽃이 대롱거리며 매달려 핀다.
번식 | 봄에 줄기나 가지 끝을 잘라 번식상에 꽂아 뿌리 근처 온도를 20-25도로 유지한다.

식물 분류

빛

외풍 내성

물 주기

비료

꽃 피는 계절

최저기온
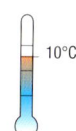
10°C

Clivia miniata
군자란 ✽ Clivia

과명_ 수선화과 *Amaryllidaceae*

용도 | 실내, 온실, 일광욕실에서 키우는 꽃 피는 다년생 식물
원산지 | 남아프리카
식물형태 | 통통한 뿌리와 길고 광택나는 가죽 같은 질감의 잎이 있는 식물. 종처럼 생긴 주황색, 빨간색 꽃이 큰 우산처럼 무리지어 피며 붉은색 열매가 달린다.
빛과 장소 | 간접광을 좋아하고, 직사광은 피한다.
온도 | 따뜻한 곳(20도)을 좋아하고, 0도까지 견딜 수 있다.
물 주기 | 꽃이 핀 후에는 토양이 마른 것을 확인한 후, 규칙적으로 물을 준다. 10월부터 물주기를 줄이고 흙을 거의 마른 상태로 유지한다. 꽃봉오리가 보이는 이른 봄에 다시 물을 주기 시작한다.
비료 | 꽃이 핀 후 가을까지 관엽식물용 복합비료를 한 달에 한 번 주고, 겨울철에는 주지 않는다.
특별관리 | 겨울철 휴면기 동안 빛이 있는 서늘한 장소(10-15도)에서 기르면 꽃봉오리가 생긴다. 직사광에서는 잎이 시들어 말라 죽으므로 피한다. 물이 잘 빠지는 토양에 심고, 매년 봄에 분을 갈아준다.
해충과 질병 | 거미응애
품종 | 없음
번식 | 봄에 씨를 뿌리거나, 꽃이 피지 않는 시기에 포기나누기를 한다.

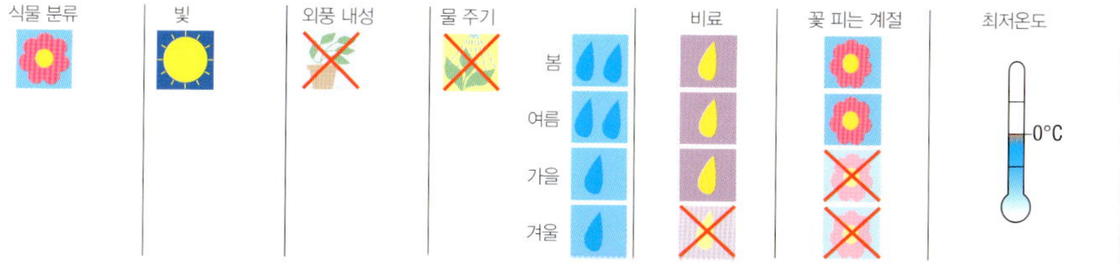

식물 분류	빛	외풍 내성	물 주기	비료	꽃 피는 계절	최저온도
			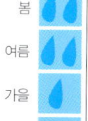			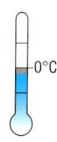

Codiaeum variegatum
크로톤 ※ Codiaeum, Croton

과명 _ 대극과 *Euphorbiaceae*

용도 | 실내, 온실, 여름철에는 일광욕실에서 기르는 장식용 관엽식물
원산지 | 몰루카스 섬
식물형태 | 다양한 모양의 잎이 무성하게 자라는 관목으로 잎에 있는 선명한 노란색, 주황색 반점이 돋보인다.
빛과 장소 | 직사광을 좋아하고 간접광에서도 자랄 수 있으나, 그늘진 곳에서는 잎의 색상이 흐려진다.
온도 | 따뜻한 곳(25도)을 좋아하고 15도까지 견딜 수 있다.
물 주기 | 연중 규칙적으로 물을 주고, 특히 직사광 아래서 기를 때는 토양이 마르지 않도록 주의한다.
비료 | 봄부터 가을까지 2주에 한 번 관엽식물용 복합비료를 주고, 겨울에는 주지 않는다.
특별관리 | 빛이 부족하면 잎이 떨어지므로 빛이 충분한 곳에서 기르고, 매년 봄에 분을 갈아준다.
해충과 질병 | 진딧물, 쥐똥나무벌레, 깍지벌레, 거미응애
품종 | 잎의 모양이나 색상에 따라 다양한 품종이 있다. 아쿠바폴리애(Aucubaefolia) 품종은 반짝이는 타원형의 잎에 연두색 반점이 있고, 골드스타 (Gold Star) 품종은 좁고 길다란 잎에 연두색 반점이 있다. 페트라(Petra) 품종은 크고 넓은 잎의 잎맥에 노란색과 주황색 무늬가 있다.
번식 | 연중 가능하며, 새로 나온 가지 끝이나 줄기를 잘라 번식상에 꽂고 온도가 20-25도가 되도록 가열한다.

식물 분류	빛	외풍 내성	물 주기		비료	꽃 피는 계절	최저온도
				봄 여름 가을 겨울		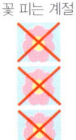	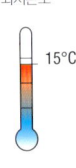 15°C

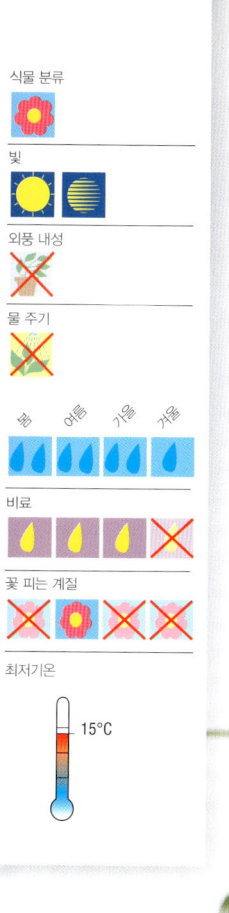

Coffea arabica
커피나무 ☀ Arabian Coffee

과명_ 꼭두서니과 *Rubiaceae*

용도 | 실내, 온실, 여름철 일광욕실에서 기르는 커피 나무
원산지 | 이디오피아, 수단
식물형태 | 잎이 반짝이는 진녹색이며 가장자리는 구불거린다. 향기나는 흰색 꽃이 줄기 끝에 무리지어 피고 나면 녹색의 열매가 열리고 익을수록 붉게 변한다.
빛과 장소 | 간접광, 그늘진 곳에서 기르고, 직사광은 피한다.
온도 | 따뜻한 곳(25도)을 좋아하고, 15도까지 견딜 수 있다.
물주기 | 봄부터 가을까지 자주 물을 주고, 겨울철에는 물 주는 횟수를 줄인다. 토양이 마르지 않도록 주의한다.

비료 | 봄부터 가을까지 한 달에 한 번 관엽식물용 복합비료를 주고, 겨울에는 주지 않는다.
특별관리 | 겨울철 휴면기에 빛이 있고 서늘한 장소(15-18도)에서 기르면 꽃봉오리가 생긴다. 2-3년 정도 된 나무는 전정을 해주고, 매년 봄에 분을 갈아준다.

해충과 질병 |
쥐똥나무벌레,
깍지벌레, 거미응애
품종 | 없음
번식 | 봄에 씨를 뿌린다.

Columnea
콜룸네아 ✽ Columnea

과명 _ 제스네리아과 *Gesneriaceae*

용도 | 실내, 온실, 여름철 일광욕실에서 기르는 꽃이 피고 가지가 늘어지는 식물
식물형태 | 잎은 작고 계란형이며 노란색, 주황색, 빨간색의 통 모양 꽃이 피며 착생형의 늘어지는 식물이다.
빛과 장소 | 간접광에서 기르고 직사광은 피한다.
온도 | 따뜻한 곳(20도)을 좋아하고 12도까지 견딜 수 있다.
물 주기 | 꽃이 피어 있는 시기에는 토양을 항상 습하게 유지하고, 꽃이 피지 않는 시기에는 규칙적으로 물을 주되 토양이 약간 말랐을 때 물을 주도록 한다.

비료 | 봄부터 여름까지 한 달에 한 번 관엽식물용 복합비료를 주고, 나머지 시기에는 비료를 주지 않는다.
특별관리 | 걸이용 화분에 적합한 식물이며, 매년 봄에 분을 갈아준다.
해충과 질병 | 거미응애
품종 | 호스탁(Hostag) 품종은 주황색 꽃이 피고 잎은 연두색이다. 크라카타우(Krakatau) 와 세인(Sanne) 품종은 위로 곧게 자라고 주황색 꽃이 핀다.
번식 | 잎이 4장 달린 줄기 끝이나 가지를 잘라 꽂으면 어느 시기라도 번식이 가능하며, 번식상 온도를 20-25도로 가열한다.

식물 분류

빛

외풍 내성

물 주기

봄　여름　가을　겨울

비료

꽃 피는 계절

최저기온

12°C

Crassula ovata
크라슐라 ✱ Jade Plant

과명 _ 돌나물과 *Crassulaceae*

용도 | 실내, 온실, 여름에는 일광욕실에서 기르는 다육식물로 생명력이 강하며 조형미가 있다.
원산지 | 남아프리카
식물형태 | 가지가 많고 즙이 많은 관목으로 통통한 주걱모양의 잎은 광택이 나며, 햇빛을 쪼이면 붉게 변한다. 몇 년 기르면 분홍빛이 도는 흰 꽃이 핀다.
빛과 장소 | 직사광에서 잘 자라나 간접광에서도 기를 수 있다.
온도 | 따뜻한 곳(20도)을 좋아하고, 겨울에는 서늘하게 기른다. 0도까지 견딜 수 있다.
물 주기 | 물을 많이 주면 뿌리가 썩어 죽는다. 봄부터 가을까지 물을 규칙적으로 주고, 토양이 마른 후에 물을 준다. 겨울철에는 토양을 건조하게 유지한다.
비료 | 봄부터 가을까지 한 달에 한 번 관엽식물용 복합비료를 주고, 겨울에는 주지 않는다.
특별관리 | 겨울철에는 휴면기에 들어가므로 빛이 있고 서늘한(5도) 곳에 둔다. 3년에 한 번 봄에 분을 갈아준다.
해충과 질병 | 진딧물, 거미응애
품종 | 다양한 종과 품종이 재배되며, 혼트리(Horn Tree) 품종은 직립성의 길고 통통한 잎이 나고, 코시네아(*C. coccinea*)종은 줄기 끝에 진붉은색의 꽃이 피며 가지가 위를 향해 자란다.

식물 분류	빛	외풍 내성	물 주기		비료	꽃 피는 계절	최저온도
				봄 여름 가을 겨울			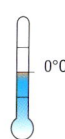 0°C

Cycas revoluta
소철 ✲ Sago Palm

과명_ 소철과 *Cycadaceae*

용도 | 실내, 온실, 일광욕실, 여름에는 실외에서 기르는 식물
원산지 | 일본 남부, 류큐 섬
식물형태 | 단단한 원통모양의 줄기에 가죽 같은 질감의 진녹색 빗살 모양 잎이 퍼져 나는 나무. 생명력이 강하며 매우 천천히 자란다.
빛과 장소 | 직사광 또는 간접광에서 기른다.
온도 | 따뜻한 곳(20도)을 좋아하며, 겨울에는 서늘하게 기르고, 0도까지 견딜 수 있다.
물 주기 | 봄부터 가을까지 규칙적으로 물을 주고, 토양이 마른 후에 다시 물을 주도록 한다. 겨울철 식물을 서늘하게 기르는 시기에는 토양을 건조하게 유지한다.
비료 | 봄부터 가을까지 한 달에 한 번 관엽식물용 복합비료를 주고, 겨울에는 주지 않는다.
특별관리 | 실외에서 기를 때는 그늘에서 기른다. 햇빛 아래서 기르면 잎이 크게 자란다. 겨울에는 휴면기에 들어가므로 빛이 있고 서늘한 곳(5-10도)에서 기르고 3년에 한번 이른 봄에 분을 갈아준다.
해충과 질병 | 깍지벌레
품종 | 없음
번식 | 봄에 씨를 뿌린다.

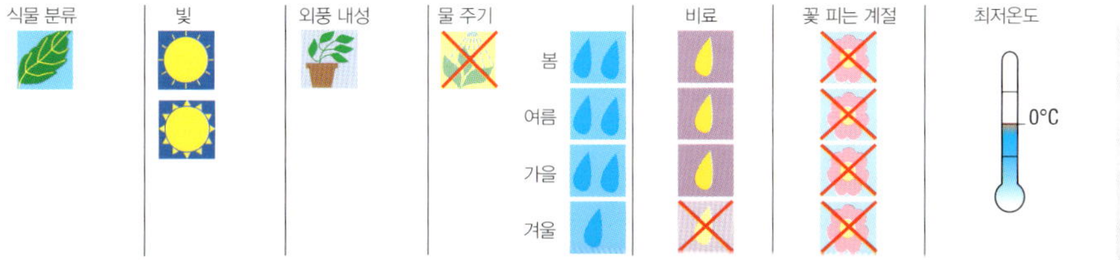

식물 분류	빛	외풍 내성	물 주기	비료	꽃 피는 계절	최저온도
						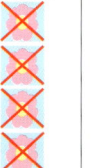 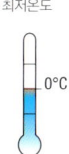

Cyclamen persicum
시클라멘 ✻ Florist's Cyclamen

과명 _ 앵초과 *Primulaceae*

용도 | 실내, 온실, 일광욕실, 여름철 실외에서 자라는 꽃 피는 다년생 식물
원산지 | 유럽
식물형태 | 심장 모양의 청록색 잎에 은색 무늬가 있는 구근식물로 초본성이다. 고개를 떨군 모양의 꽃은 흰색, 분홍색, 빨간색, 자주색 등 다양한 색상이 있다. 꽃잎의 가장자리가 주름져 있는 것도 있다.
빛과 장소 | 간접광에서 기르며, 직사광은 피한다.
온도 | 서늘한 장소를 좋아하며, 8도까지 견딜 수 있다.
물 주기 | 토양에 직접 물을 주지 말고, 화분을 물속에 담그고 10분 정도 둔다. 반드시 토양이 말랐는지 확인한 후에 물을 주고, 서늘하게 기를 때는 물주는 횟수를 줄인다.
비료 | 주지 않는다.
특별관리 | 꽃이 시든 부분은 썩기 쉬우므로 남은 부분을 제거한다. 꽃이 진 후에 휴면기에 들어가므로 정원의 그늘진 곳으로 옮기거나 서늘한(15도 정도) 실내에 두고 기른다. 정원에 두고 기를 경우 8도 이하로 내려가기 전에 실내에 들여놓는다. 휴면기 동안 토양은 건조하게 유지하고, 매년 가을에 분을 갈아준다.
해충과 질병 | 진딧물, 흰가루병
품종 | 꽃의 모양, 색상, 크기에 따라 다양한 품종이 있으며, 몇몇 품종은 꽃에서 향기가 난다.
번식 | 여름부터 늦은 겨울까지 씨를 뿌린다.

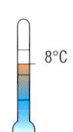

Cymbidium
심비디움 ※ Cymbidium Orchid

과명 _ 난초과 *Orchidaceae*

용도 | 실내, 온실, 일광욕실에서 기르며, 꽃이 피는 난
식물형태 | 길쭉한 잎이 풀처럼 무성하게 자라는 키가 큰 난이며, 꽃은 아치 모양의 총상화서로 피고 수명이 길다. 초록, 노랑, 분홍, 흰색 등 색상이 다양하며, 꽃잎에 반점이나 무늬가 있다.
빛과 장소 | 간접광에서 기르며 직사광은 피한다.
온도 | 따뜻한 곳을 좋아하며 10도까지 견딘다.
물 주기 | 연수를 규칙적으로 주고, 물 주기 전에는 토양이 말랐는지 확인한 후에 준다. 구나 뿌리에 직접 물이 닿으면 곰팡이병이 발생하기 쉬우므로 주의한다.
비료 | 꽃 피는 기간에만 난 전용 비료를 준다.
특별관리 | 뿌리가 자라서 분이 작아지면 이른 봄에 난 전용 토양에 옮겨 심는다.
해충과 질병 | 거미응애, 곰팡이병
품종 | 꽃의 색상에 따라 다양한 품종이 있다.
번식 | 봄에 식물을 나누거나, 구를 잘라서 번식한다.

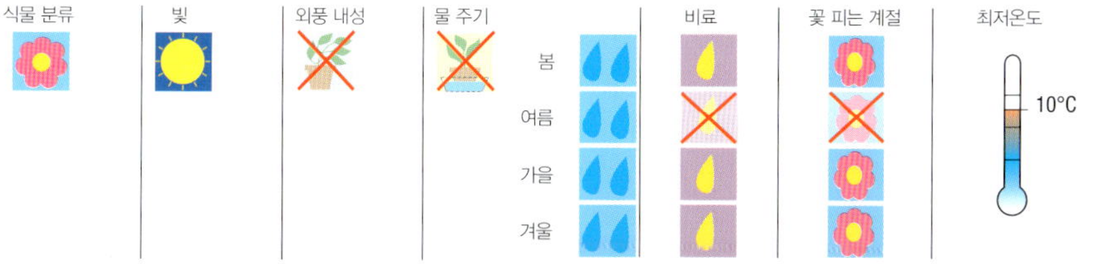

식물 분류	빛	외풍 내성	물 주기		비료	꽃 피는 계절	최저온도
				봄 			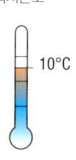 10°C
				여름 			
				가을			
				겨울			

Cyperus diffusus
시페루스 ✼ Dwarf Umbrella Grass

과명_ 사초과 *Cyperaceae*

용도 | 실내, 온실, 여름철 일광욕실에서 자라는 습지 식물

원산지 | 열대 남아프리카

식물형태 | 아담한 덤불형의 다년생 식물이다. 근경은 짧고 줄기는 세모지며 잎은 넓고 광택이 없는 초록색이다. 줄기 끝에 흐린 갈색 꽃이 수상화서로 핀다.

빛과 장소 | 간접광에서 기르며 직사광은 피한다.

온도 | 따뜻한 곳과 서늘한 곳에서 키울 수 있으며 10도까지 견딘다.

물 주기 | 습지 식물이므로 물을 자주 주어 높은 습도를 유지한다. 물 속에서도 자랄 수 있다.

비료 | 봄부터 가을까지 한 달에 한 번 관엽식물용 복합비료를 주고, 겨울철에는 주지 않는다.

특별관리 | 매년 봄에 분을 갈아주고, 누렇게 된 줄기는 제거한다.

해충과 질병 | 거미응애

종/품종 | 주무캐(*C. alternifolia* 'Zumuka')는 가느다란 줄기에 길고 잔디처럼 생긴 잎이 꼭대기에 난다. 인볼루크라투스(*C. involucratus*)종은 골이 진 줄기 끝에 잔디처럼 생긴 잎이 나며 그 안에 작은 갈색 꽃이 핀다.

번식 | 로제트의 2cm 아래에서 성숙한 줄기를 잘라 토양에 꽂는다. 분에 심기 전에 포엽의 상단부를 제거한다.

식물 분류	빛	외풍 내성	물 주기		비료	꽃 피는 계절	최저온도
			 봄				  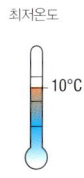 10°C
			여름				
			가을				
			겨울				

식물 분류

빛

외풍 내성

물 주기

비료

꽃 피는 계절

최저기온

10°C

Dendrobium
덴드로비움 *Orchid, Dendrobium

과명_난초과 *Orchidaceae*

용도 | 실내, 온실, 여름에는 일광욕실에서 기르는 꽃이 피는 난초
식물형태 | 긴 위구경(구근처럼 비대한 줄기)과 긴 잎을 가진 착생형 난초로 흰색이나 자주색 꽃이 아치 모양의 총상화서에 뭉쳐서 핀다.
빛과 장소 | 간접광에서 기르고 직사광은 피한다.

온도 | 따뜻한 곳을 좋아하며, 10도까지 견딘다.
물 주기 | 봄부터 가을까지 연수를 주고, 토양이 마르지 않도록 한다. 겨울에는 물을 적게 준다.
비료 | 꽃이 피는 시기에만 한 달에 한 번 난 전용 비료를 준다.
특별관리 | 겨울은 휴면기이므로 빛이 있고 건조하며 서늘한(15도 정도) 장소에서 기른다. 2-3년에 한번 이른 봄에 난 전용 배양토를 이용하여 분을 갈아준다.
해충과 질병 | 깍지벌레, 거미응애, 곰팡이병
품종 | 수백 개의 종과 원예종이 있다.
번식 | 새끼화초를 떼어 심거나, 봄에 줄기를 잘라 꽂는한다.

Dieffenbachia maculata
디펜바키아 ✱ Dumb Cane, Mother-in-Law Plant

과명 _ 천남성과 *Araceae*

용도 | 실내, 온실, 여름철 일광욕실에서 기르는 장식용 식물
원산지 | 열대 남아메리카
식물형태 | 생명력이 강한 초본성 식물. 줄기는 곧고 통통하며 잎에는 흰색, 노란색, 연두색 무늬가 있다.
빛과 장소 | 간접광에서 기르며 직사광은 피한다. 직사광에 노출되면 잎의 색상이 흐려진다.
온도 | 따뜻한 곳을 좋아하지만 5도까지 견딘다.
물 주기 | 연수를 규칙적으로 주되 물 주기전에 토양이 말랐는지 확인하고 준다. 한 달에 한 번 정도 전체적으로 물을 뿌려준다.
비료 | 봄부터 가을까지 한 달에 한 번 관엽식물용 복합비료를 주고, 겨울에는 주지 않는다.
특별관리 | 독성이 있으므로 아이들이 만지지 못하게 한다. 2-3개월을 15도 이하에서 기르면 생장이 멈추고 꽃이 핀다. 이른 봄에 가지를 잘라주면 생장이 촉진된다. 2년에 한번 이른 봄에 분을 갈아준다.
해충과 질병 | 진딧물, 쥐똥나무벌레, 깍지벌레, 거미응애, 잿빛곰팡이병

품종 | 식물의 크기, 잎의 색상과 무늬에 따라 다양한 품종이 있다.
번식 | 봄에 줄기 끝이나 뿌리 근처에서 나오는 가지를 잘라 꽂는다.

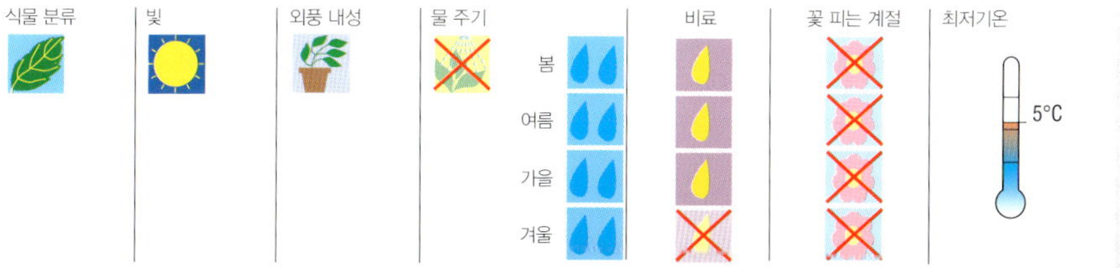

식물 분류	빛	외풍 내성	물 주기		비료	꽃 피는 계절	최저기온
			 봄 여름 가을 겨울		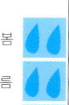		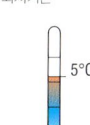 5°C

Dracaena marginata
드라세나 마지나타
※ Madagascar Dragon Tree

과명 _ 드라세나과 *Dracaenaceae*

용도 | 실내, 온실, 여름에는 일광욕실에서 기르는 관엽식물
원산지 | 리유니온 섬
식물형태 | 가느다란 줄기 끝에 길고 좁은 창 모양의 잎이 로제트 형태로 나오는 키 작은 나무. 생명력이 강하며 잎은 올리브색에 붉은색 테두리가 있다.
빛과 장소 | 직사광, 간접광에서 기른다.
온도 | 따뜻한 곳을 좋아하며, 8도까지 견딘다.
물 주기 | 토양이 말랐는지 확인하고 물을 준다.
비료 | 봄부터 가을까지 2주에 한 번 관엽식물용 복합비료를 주고, 겨울에는 주지 않는다.
특별관리 | 2-3년에 한 번 이른 봄에 분을 갈아준다. 이른 봄에 길게 자란 가지를 잘라주면 새로운 생장이 촉진되어 무성하게 기를 수 있다.
해충과 질병 | 진딧물, 쥐똥나무벌레, 깍지벌레, 거미응애
종/품종 | 바이컬러(Bicolor) 품종은 잎에 분홍색 테두리와 크림색 줄무늬가 들어가 있고, 행운목 (*D. fragrans*)종은 나무 같은 줄기에 녹색 계열의 줄무늬가 들어간 넓은 잎이 난다. 산데리아나 (*D. sanderiana*)종은 좁고 길쭉한 잎이 비틀린 모양으로 나고 잎에 흰색 테두리가 있다.
번식 | 어느 시기든 줄기를 잘라서 꽂는다.

식물 분류	빛	외풍 내성	물 주기		비료	꽃 피는 계절	최저기온
			 봄 여름 가을 겨울	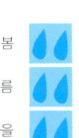		 	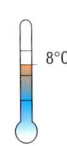 8°C

Echinocactus grusonii
금호 ※ Golden Barrel Cactus, Mother-in-law's Seat

과명 _ 선인장과 Cactaceae

용도 | 실내, 온실, 여름에는 일광욕실에서 기르는 선인장
원산지 | 멕시코
식물형태 | 어릴 때는 작은 공 모양이다가 크면서 통 모양으로 변한다. 골이 깊게 파여 있고 밝은 금색 가시로 뒤덮여 있으며, 여름에는 작은 깔때기 모양의 노란색 꽃이 핀다.
빛과 장소 | 직사광에서 기르며 단기간은 간접광에서도 견딘다.
온도 | 따뜻한 곳을 좋아하며, 10도까지 견딘다. 겨울에는 서늘하게 기른다.
물 주기 | 물을 많이 주면 뿌리가 썩어 죽는다. 봄과 여름에는 규칙적으로 물을 주되, 토양이 말랐는지 확인하고 준다. 겨울에는 식물을 서늘하게 기르고 토양은 거의 말라 있어야 한다.
비료 | 봄부터 여름까지 관엽식물용 복합비료를 한 달에 한 번 주고 가을과 겨울에는 주지 않는다.
특별관리 | 겨울에는 휴면기에 들어가므로 빛이 있고 서늘한(10-15도) 장소에서 기른다. 2-3년에 한 번 이른 봄에 분을 갈아준다.
해충과 질병 | 쥐똥나무벌레, 깍지벌레
품종 | 없음
번식 | 봄부터 가을에 씨를 뿌린다.

Epipremnum pinnatum
에피프레넘 ✱ Tongavine

과명 _ 천남성과 *Araceae*

용도 | 실내, 온실, 여름에는 일광욕실에서 기르는 덩굴성 식물
원산지 | 말레이시아, 뉴기니, 태평양 군도
식물형태 | 생명력 강한 덩굴성 식물. 어릴 때는 잎이 비대칭의 계란 모양이나 자라면서 끝이 뾰족한 하트 모양으로 변한다. 반짝이는 초록색에 노란색 또는 흰색의 반점이 있다.
빛과 장소 | 간접광에서 기르며 직사광은 피한다.
온도 | 따뜻한 곳을 좋아하며 15도까지 견딘다.
물 주기 | 물을 규칙적으로 주되 토양 표면이 말랐는지 확인하고 준다. 높은 습도를 좋아하므로 자주 분무해준다.
비료 | 봄과 여름에는 한 달에 한 번 관엽식물용 복합비료를 주고 가을과 겨울에는 주지 않는다.
특별관리 | 높은 습도를 좋아하는 식물이다. 연중 어느시기든 가지를 잘라주면 생장이 촉진되어 무성하게 기를 수 있다. 2년마다 봄에 분을 갈아준다.

해충과 질병 | 쥐똥나무벌레, 깍지벌레, 거미응애, 잿빛곰팡이병
품종 | 아레움(Areum) 품종은 잎에 노란색 반점이 있고, 마블 퀸(Marble Queen) 품종은 잎에 흰색 반점이 있다.
번식 | 새로 나온 가지나 반쯤 굳은 가지를 잘라 꽂으면 연중 번식이 가능하며, 토양 온도를 21-25도로 유지해야 뿌리가 잘 내린다.

식물 분류	빛	외풍 내성	물 주기		비료	꽃 피는 계절	최저기온
				봄 여름 가을 겨울			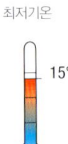 15°C

Euphorbia milii
꽃기린 ※ Crown of Thorns

과명 _ 대극과 *Euphorbiaceae*

용도 | 실내, 온실, 여름에는 일광욕실에서 기르는 꽃 피는 식물
원산지 | 마다가스카르
식물형태 | 낙엽성이고 생명력이 강하다. 가시가 있고 잎은 타원형, 연두색이다. 꽃은 꽃잎처럼 생긴 포엽이 작은 노란색 꽃을 보호하는 형태이다. 잎에서 흰색 즙이 나온다.
빛과 장소 | 직사광을 좋아하며 간접광에서도 견딘다.
온도 | 따뜻한 곳을 좋아하며, 5도까지는 견딘다. 겨울에는 서늘하게 기른다.
물 주기 | 규칙적으로 물을 주되 토양 표면이 말랐는지 확인하고 준다. 겨울철 서늘하게 기를 때는 토양을 건조하게 한다. 한 달 정도는 건조해도 견딜 수 있으며 건조하면 꽃이 더 잘 핀다.
비료 | 봄부터 가을까지 관엽식물용 복합비료를 한 달에 한 번 주고 겨울에는 주지 않는다.
특별관리 | 피부에 염증을 일으킬 수 있으므로 장갑을 끼고 만져야 한다. 겨울에는 휴면기에 들어가므로 빛이 있고 서늘한 장소 (5-10도)에서 기른다. 2년마다 이른 봄에 분을 갈아준다.
이때 길게 자란 가지를 자르면 생장이 촉진되어 무성하게 기를 수 있다.
해충과 질병 | 쥐똥나무벌레, 깍지벌레, 거미응애, 잿빛곰팡이병
품종 | 식물의 크기와 포엽의 색상에 따라 다양한 품종이 있다. 포엽 색상은 흰색, 크림색, 연어색, 밝은 빨간색, 진한 빨간색 등 다양하다.
불카누스(Vulcanus) 품종은 크기가 크고, 포엽은 어두운 빨강색이다.
번식 | 늦은 봄에 줄기를 잘라 꽂는다.

식물 분류

빛

외풍 내성

물 주기

비료

꽃 피는 계절

최저기온
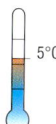 5°C

Euphorbia pulcherrima
포인세티아
※ Christmas Star, Poinsettia, Christmas Flower

과명 _ 대극과 *Euphorbiaceae*

용도 | 실내에서 기르는 꽃 피는 장식성 관목. 특히 크리스마스에 잘 어울린다.
원산지 | 멕시코 남부, 중앙아메리카
식물형태 | 긴 달걀형의 어두운 녹색 잎과 작고 노란 꽃을 둘러싼 창 모양의 포엽이 매우 인상적인 관목. 포엽은 흰색, 연어색, 밝은 빨강, 어두운 빨강, 자주색 등이 있으며, 잎을 꺾으면 흰색 즙액이 나온다.
빛과 장소 | 간접광을 좋아하며 직사광에서도 견딘다.
온도 | 따뜻한 곳을 좋아하며, 5도까지 견딘다.
물 주기 | 건조에 약한 식물로 토양은 항상 축축하게 유지한다. 물을 받아놓고 10분간 화분을 담가 놓는다.
비료 | 주지 않는다.
특별관리 | 추위에 약한 식물로 온도가 낮으면 잎이 떨어진다. 잎에서 나오는 흰색 즙액은 피부나 눈에 염증을 일으킬 수 있으므로 조심하고, 꽃이 핀 후에는 식물을 버린다.
해충과 질병 | 쥐똥나무벌레, 깍지벌레, 거미응애, 온실가루이, 잿빛곰팡이병

품종 | 포엽의 색상과 모양에 따라 다양한 품종이 있다.
번식 | 봄부터 여름에 줄기 끝을 잘라 꽂는다. 그러나 꽃을 피우기는 쉽지 않다.

식물 분류	빛	외풍 내성	물 주기		비료	꽃 피는 계절	최저기온
			 봄 여름 가을 겨울		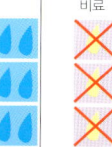		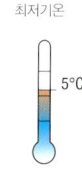 5°C

Euphorbia tirucalli
유포르비아 티루칼리

❈ 청산호 Pencil Tree

과명 _ 대극과 *Euphorbiaceae*

용도 | 실내, 온실, 여름에는 일광욕실에서 기르는 관목
원산지 | 동아프리카, 남아프리카
식물형태 | 연필 모양의 진녹색 가지 끝에 작은 풀색 잎이 자라는 관목으로 가시는 없고 생명력이 강하다. 꽃은 가지의 꼭대기에 무리지어 피며, 우윳빛 즙액이 나온다.
빛과 장소 | 직사광에서 잘 자라며 간접광에서도 견딘다.
온도 | 따뜻한 곳에서 잘 자라며 5도까지 견딘다. 겨울에는 서늘한 곳에서 기른다.

물 주기 | 생장기에는 물을 규칙적으로 주되 토양 표면이 말랐는지 확인한 후에 물을 준다. 휴면기에는 토양을 건조하게 한다. 한 달 정도는 물을 주지 않아도 죽지 않는다.
비료 | 봄부터 가을까지 한 달에 한 번 관엽식물용 복합비료를 주고 겨울에는 주지 않는다.
특별관리 | 우유빛 즙액이 염증을 일으킬 수 있으므로 피부나 눈에 닿지 않도록 한다. 겨울에는 휴면기에 들어가므로 빛이 있고 서늘한(5-10도) 곳에서 기르고 2년에 한 번 이른 봄에 분을 갈아준다.
해충과 질병 | 진딧물, 흰가루병, 잿빛곰팡이병
품종 | 없음
번식 | 봄과 여름에 가지를 잘라 꽂으면 뿌리가 내린다.

Euphorbia trigona
채운각 ※ 유포르비아 트리고나
African Milk Plant, Spurge

과명 _ 대극과 *Euphorbiaceae*

용도 | 실내, 온실, 일광욕실에서 기르는 다육식물로 생명력이 강하다.

원산지 | 나미비아(아프리카 남서부)

식물형태 | 관목에서 작은 나무까지 크기가 다양한 초대 모양의 다육식물. 줄기는 기둥처럼 생겼고, 톱니모양의 모서리에 계란형의 낙엽성 잎이 달려있다. 우유빛 즙액이 나온다.

빛과 장소 | 직사광과 간접광에서 자란다.

온도 | 따뜻한 곳을 좋아하고, 겨울에는 서늘하게 기른다. 5도까지는 살 수 있다.

물 주기 | 물을 많이 주면 죽고 건조함을 잘 견딘다. 봄부터 가을까지 규칙적으로 물을 주되 토양이 말랐는지 확인한 후에 준다. 서늘하게 기르는 겨울에는 토양을 건조하게 유지한다.

비료 | 봄부터 가을까지 한 달에 한 번 관엽식물용 복합비료를 주고, 겨울에는 주지 않는다.

특별관리 | 우윳빛 즙액이 염증을 일으킬 수 있으므로 피부나 눈에 닿지 않도록 한다. 물이 잘 빠지는 토양에 심어서 기르고, 겨울에는 휴면기에 들어가므로 빛이 있고 서늘한(10-15도) 장소에서 기른다. 2-3년마다 이른 봄에 분을 갈아준다.

해충과 질병 | 쥐똥나무벌레, 깍지벌레, 거미응애, 온실가루이, 흰가루병

종/품종 | 밀리(*E. milli*)종은 가지에 가시가 있고 포엽은 빨강, 주황, 흰색이다. 푸그니포르미스 (*E. pugniformis*)종은 원통 모양의 가지가 길게 늘어지듯이 뻗어간다. 티루칼리(*E. tirucalli*)종은 연필 두께 정도의 원통 모양 가지가 위로 자란다.

번식 | 늦은 봄에 긴 줄기를 잘라 꽂으면 뿌리가 내린다.

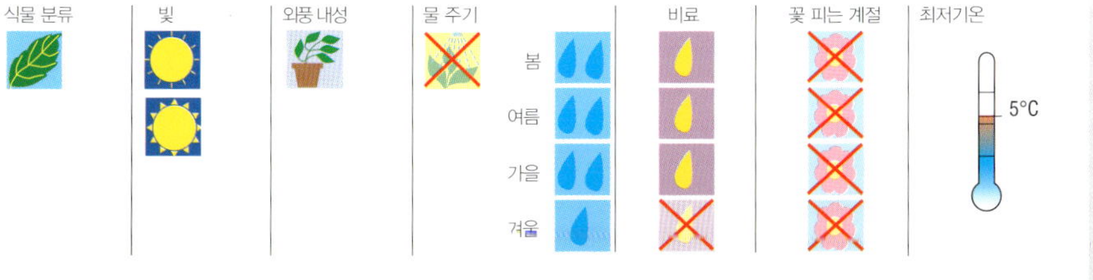

식물 분류	빛	외풍 내성	물 주기	비료	꽃 피는 계절	최저기온
						  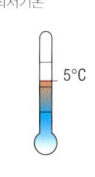 5°C

Exacum affine
엑사쿰 ✽ German Violet

과명 _ 용담과 *Gentianaceae*

용도 | 실내, 온실, 일광욕실, 실외의 그늘진 곳에서 기르는 꽃 피는 식물
원산지 | 소코트라(예멘)
식물형태 | 줄기에 달린 타원형 잎이 무성한 초본성 식물로 별 모양의 향기나는 꽃이 많이 핀다. 꽃은 홑꽃 또는 겹꽃으로 흰색, 파란색, 자주색 꽃잎에 진노란색 수술이 중앙에 있다.
빛과 장소 | 직사광과 간접광에서 자란다.
온도 | 따뜻한 곳을 좋아하고 5도까지 견딘다.
물 주기 | 연중 규칙적으로 물을 주며, 물 주기 전에 토양이 말랐는지 확인한다. 토양에 직접 물을 주지 말고, 통에 물을 담아 10분 정도 화분을 담근다. 물을 많이 주면 뿌리가 썩어 죽는다.
비료 | 주지 않는다.
특별관리 | 빛이 충분해야 꽃이 핀다. 꽃이 진 후에는 화분을 버린다.
해충과 질병 | 진딧물, 쥐똥나무벌레, 거미응애
품종 | 꽃의 색상에 따라 다양한 품종이 있다.
번식 | 봄에 씨를 뿌린다.

식물 분류

빛

외풍 내성

물 주기

봄 여름 가을 겨울

비료

꽃 피는 계절

최저기온

5°C

Fatsia japonica
팔손이 ※ Japanese Fatsia

과명 _ 두릅나무과 *Araliaceae*

용도 | 실내, 온실, 일광욕실, 여름에는 실외에서 기르는 관엽식물
원산지 | 일본, 류큐 섬, 캄보디아, 한국
식물형태 | 광택 있는 진녹색 잎이 여덟 갈래로 갈라져 있으며, 흰 꽃이 핀다.
빛과 장소 | 간접광과 그늘에서 기르며 직사광은 피한다.
온도 | 따뜻한 곳을 좋아하며, 겨울에는 서늘하게 기른다. 5도까지는 견딘다.
물 주기 | 봄부터 가을까지 물을 규칙적으로 주되 토양 표면이 말랐는지 확인한 후에 준다. 겨울에는 물 주는 횟수를 줄인다.
비료 | 봄부터 가을까지 2주에 한 번 관엽식물용 복합비료를 주고 겨울에는 주지 않는다.
특별관리 | 겨울에는 휴면기에 들어가므로 빛이 있고, 서늘한(5-10도) 장소에서 기른다. 매년 이른 봄에 분을 갈아준다.
해충과 질병 | 진디물, 깍지벌레, 거미응애, 잿빛곰팡이병
종/품종 | 베리에가타 (*F. japonica* 'Variegata')는 잎에 초록색과 크림색 무늬가 있다.
번식 | 봄에 씨를 뿌린다. 연중 어느 시기든 반쯤 굳은 가지를 잘라 꽂으면 뿌리가 자란다.

Ficus benjamina
벤자민 고무나무
※ Tropic Laurel, Weeping Fig, Benjamin Tree

과명 _ 뽕나무과 *Moraceae*

용도 | 실내, 온실, 여름철 일광욕실에서 기르는 관엽식물로 생명력이 강하다.
원산지 | 히말라야, 인도, 미얀마, 중국 남부, 말레이 제도, 호주 북부
식물형태 | 잎은 반짝이는 진녹색의 긴 타원형이고 가지가 아래로 늘어지며 키가 크다.
빛과 장소 | 직사광과 간접광에서 기른다. 빛이 부족하면 잎이 떨어진다.
온도 | 따뜻한 곳에서 자라며 0도까지 견딘다.
물 주기 | 봄부터 가을까지 물을 충분히 주고 겨울에는 물 주는 횟수를 줄인다. 공기가 건조해도 잘 견딘다.
비료 | 봄부터 가을까지 2주에 한 번 관엽식물용 복합비료를 주고 겨울에는 주지 않는다.
특별관리 | 물과 비료를 많이 주거나 빛이 부족하면 잎이 떨어진다. 겨울에 빛이 충분한 장소에서 기르고, 2-3년마다 봄에 분을 갈아준다.
해충과 질병 | 쥐똥나무벌레, 깍지벌레, 잿빛곰팡이병

품종 | 잎의 색과 크기, 식물의 크기에 따라 다양한 품종이 있다. 잎의 색은 진녹색, 노란색, 초록색에 흰 반점 등 다양하다. 어떤 품종은 먹을 수 없는 빨간색의 작은 열매를 맺기도 한다.
번식 | 연중 새로 나온 가지나 반쯤 굳은 가지를 잘라 꽂으면 뿌리가 내리는데, 번식상의 토양온도를 20-25도로 유지한다.

식물 분류	빛	외풍 내성	물 주기		비료	꽃 피는 계절	최저기온
			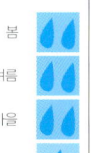	봄 여름 가을 겨울			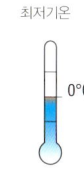 0°C

Ficus binnendijkii
좁은잎 고무나무
❊ Saber Ficus, Narrow-Leaf Fig

과명 _ 뽕나무과 *Moraceae*

용도 | 실내, 온실, 여름에는 일광욕실에서 기르는 관엽식물로 생명력이 강하다.
원산지 | 말레이 제도
식물형태 | 잎은 반짝이는 창 모양이며 가지가 아래로 늘어진 우아한 형태의 나무이다.
빛과 장소 | 직사광과 간접광에서 기른다. 빛이 부족하면 잎이 떨어진다.
온도 | 따뜻한 곳을 좋아하고, 0도까지 견딘다.
물 주기 | 봄부터 가을까지 물을 자주 주고, 겨울에는 적게 준다. 공기 중의 습도가 낮아도 잘 견딘다.
비료 | 봄부터 가을까지 2주에 한 번 관엽식물용 복합비료를 주고 겨울에는 주지 않는다.
특별관리 | 물과 비료를 너무 많이 주거나 그늘에 두면 잎이 떨어진다. 2-3년마다 봄에 분을 갈아준다.
해충과 질병 | 쥐똥나무벌레, 깍지벌레, 잿빛곰팡이병
품종 | 없음
번식 | 새로 나온 가지나 반쯤 굳은 가지를 잘라 꽂으면 뿌리가 내리며, 연중 번식이 가능하다. 번식상의 토양 온도를 20-25도 정도로 유지한다.

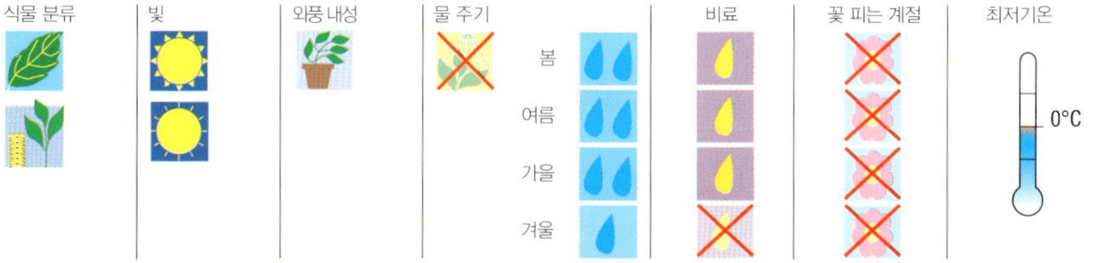

식물 분류	빛	외풍 내성	물 주기		비료	꽃 피는 계절	최저기온
					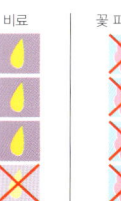		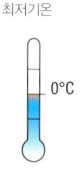

Ficus deltoidea
겨우살이 고무나무 ※ 델토이데아 Mistletoe Fig

과명 _ 뽕나무과 *Moraceae*

용도 | 실내, 온실, 여름철 일광욕실에서 기르는 관엽식물이다.
원산지 | 말레이 제도
식물형태 | 빳빳한 진녹색 잎이 있는 관목으로 생명력이 매우 강하다. 작고 둥근 노란 열매가 열리지만 먹을 수는 없다.
빛과 장소 | 직사광과 간접광에서 자란다.
온도 | 따뜻한 곳에서 자라며, 0도까지 견딘다.
물 주기 | 봄부터 가을까지 규칙적으로 물을 주되 토양 표면이 말랐는지 확인하고 준다. 겨울에는 횟수를 줄인다.
비료 | 봄부터 가을까지 2주에 한 번 관엽식물용 복합비료를 주고 겨울에는 주지 않는다.
특별관리 | 2-3년마다 봄에 분을 갈아준다.
해충과 질병 | 쥐똥나무벌레, 깍지벌레, 잿빛곰팡이병
품종 | 없음
번식 | 새로 나온 가지나 반쯤 굳은 가지를 잘라 꽂으면 뿌리가 내리는데 연중 번식이 가능하다. 번식상의 토양 온도를 20-25도 정도로 유지해준다.

식물 분류	빛	외풍 내성	물 주기		비료	꽃 피는 계절	최저기온
				봄 여름 가을 겨울			

Ficus lyrata
떡갈잎 고무나무 ※ Fiddle Leaf Fig

과명 _ 뽕나무과 *Moraceae*

용도 | 실내, 온실, 여름철 일광욕실에서 기르는 관엽식물
원산지 | 서아프리카
식물형태 | 가죽 같은 질감의 큰 잎에 연두색 잎맥이 있으며 잎의 모양은 바이올린처럼 생긴 나무이다.
빛과 장소 | 직사광과 간접광에서 자란다.
온도 | 따뜻한 곳을 좋아하며 0도까지 견딘다.
물 주기 | 봄부터 가을까지 물을 규칙적으로 주되 토양이 말랐는지 확인하고 준다. 겨울에는 횟수를 줄인다. 자주 분무해주면 좋다.
비료 | 봄부터 가을까지 2주에 한 번 관엽식물용 복합비료를 주고, 겨울에는 주지 않는다.
특별관리 | 2-3년마다 봄에 분을 갈아준다.
해충과 질병 | 쥐똥나무벌레, 깍지벌레, 잿빛곰팡이
종/품종 | 밤비노(*F. lyrata* 'Bambino') 품종은 식물 크기와 잎이 작다. 엘라티카(*F. elatica*)종의 잎은 큰 타원형에 가죽처럼 광택이 나며 어릴 때는 붉은색 엽초로 둘러싸여 있다.
번식 | 새로 나온 가지나 반쯤 굳은 가지를 잘라 꽂으면 뿌리가 내리고 연중 번식이 가능하다. 번식상의 토양 온도는 20-25도를 유지한다.

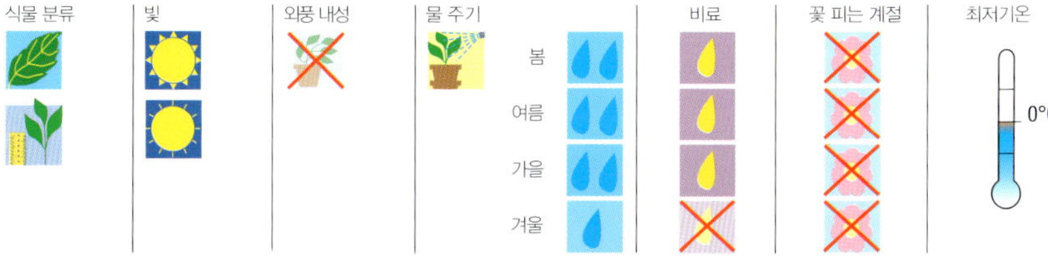

식물 분류	빛	외풍 내성	물 주기		비료	꽃 피는 계절	최저기온
				봄 여름 가을 겨울			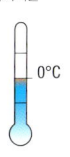 0°C

Fortunella japonica
환금감 * 금감류(낑깡류)
Round Kumquat

과명 _ 운향과 *Rutaceae*

용도 | 실내, 온실, 일광욕실, 여름에는 실외에서 기르는 작은 과일나무이며, 열매는 먹을 수 있다.
원산지 | 중국 남부
식물형태 | 창 모양의 연두색 잎에 향기 나는 흰 꽃이 피고, 가시가 있는 작은 과일 나무이다. 작은 달걀 모양의 열매는 먹을 수 있다.
빛과 장소 | 직사광, 간접광에서 자란다.
온도 | 따뜻한 곳을 좋아하며, 겨울에는 서늘하게 기른다. 0도까지 견딘다.
물 주기 | 봄부터 가을까지는 토양이 마른 것을 확인하고 물을 준다. 겨울에는 건조하게 유지한다.
비료 | 봄부터 가을까지 2주에 한 번 관엽식물용 복합비료를 주고 겨울에는 주지 않는다.
특별관리 | 물이 잘 빠지는 토양에서 기르고, 10월부터 4월까지는 휴면기이므로 빛이 있고 서늘한(5도) 장소에서 기른다. 매년 봄에 분을 갈아준다.
해충과 질병 | 거미응애
품종 | 후크샤이(Fucushii) 품종은 큰 타원형의 주황색 열매가 열리고, 마르가리타 (*F. margarita*)종의 열매는 작다.
번식 | 여름에 반쯤 굳은 가지를 잘라 꽂으면 뿌리가 내리는데, 번식상의 토양온도는 20-25도로 유지한다.

식물 분류	빛	외풍 내성	물 주기	비료	꽃 피는 계절	최저기온
						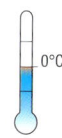

Fuchsia
후크시아 ✽ Fuchsia, Lady's Eardrops

과명 _ 바늘꽃과 Onagraceae

용도 | 꽃이 피는 장식성 식물로 봄부터 가을에 실내, 온실, 일광욕실, 실외에서 기르며 걸이용 화분에 적합하다.
식물형태 | 잎은 진녹색의 달걀형이고 대롱거리는 통 모양 꽃이 줄기 끝에 뭉쳐서 피는 관목으로 생명력이 강하다. 흰색, 크림색, 주황색, 분홍색, 자주색 등 다양한 색상과 크기의 꽃이 핀다.
빛과 장소 | 간접광에서 기르며 직사광은 피한다.
온도 | 서늘한 장소를 좋아하며 5도까지 견딘다.
물 주기 | 봄부터 가을에는 토양을 항상 축축하게 해주고, 겨울은 휴면기이므로 물 주는 횟수를 줄이되 토양이 마르지 않도록 주의한다.
비료 | 봄부터 가을까지 2주에 한 번 관엽식물용 복합비료를 주고 겨울에는 주지 않는다.
특별관리 | 겨울에는 휴면기에 들어가므로 빛이 있고 서늘한(5-10도) 장소에서 기른다. 이른 봄에 가지를 잘라 작은 화분에 심는다.
해충과 질병 | 진딧물, 쥐똥나무벌레, 온실가루이, 잿빛곰팡이병
품종 | 식물 크기와 모양, 꽃의 색상에 따라 다양한 품종이 있다.
번식 | 새로 나온 가지를 잘라 꽂으면 뿌리가 내리는데, 연중 번식이 가능하다. 여름부터 가을까지는 반쯤 굳은 가지를 잘라 꽂는다.

식물 분류	빛	외풍 내성	물 주기		비료	꽃 피는 계절	최저기온
			 봄 여름 가을 겨울		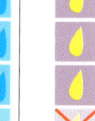		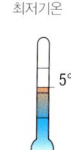 5°C

Gardenia augusta
치자나무 ※Cape Jasmine, Gardenia

과명 _ 꼭두서니과 *Rubiaceae*

용도 | 실내, 온실, 여름에는 일광욕실에서 기르는 꽃 피는 관목
원산지 | 일본, 류큐섬, 대만, 중국
식물형태 | 잎은 반짝이는 진녹색이고 꽃은 희고 향기가 좋은 겹꽃인 상록성 관목이다.
빛과 장소 | 간접광에서 기르고 직사광은 피한다.
온도 | 따뜻한 곳에서 기르며 겨울에는 서늘하게 기른다. 15도까지 견딘다.
물 주기 | 봄부터 가을까지 연수를 규칙적으로 주며, 겨울에는 횟수를 줄인다. 화분의 흙이 마르면 꽃봉오리가 노랗게 된다.
비료 | 봄부터 가을에 걸쳐 2주에 한 번 산성비료를 준다. 겨울에는 주지 않는다.
특별관리 | 8월 이후에 가지를 자르면 꽃봉오리가 형성되기 어려우므로 주의한다. 겨울철 휴면기에는 빛이 있는 서늘한 곳(15-18도)에서 기르고, 매년 봄에 석회 성분이 없는 흙을 이용하여 분을 갈아준다.
해충과 질병 | 진딧물, 깍지벌레, 잿빛곰팡이병
품종 | 베이치아이(Veitchii)는 아담하고 무성하게 자라기 때문에 가장 많이 재배된다.
번식 | 어느 시기든 새로 나온 가지나 반쯤 굳은 가지를 잘라 번식할 수 있으며, 번식상의 토양은 20-25도로 유지한다.

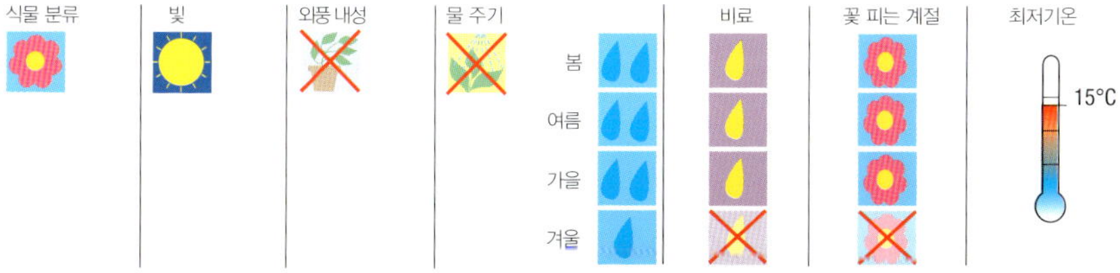

식물 분류	빛	외풍 내성	물 주기		비료	꽃 피는 계절	최저기온
				봄 여름 가을 겨울			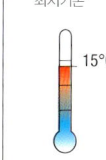 15°C

Gerbera jamesonii
거베라 ✽ Barberton Daisy, Gerbera

과명 _ 국화과 *Asteraceae*

용도 | 실내, 온실, 일광욕실, 여름에는 실외에서 기르는 꽃 피는 식물이다.
원산지 | 남아프리카
식물형태 | 아담한 크기의 초본성 다년생 식물이며 잎에는 털이 나 있다. 데이지와 비슷하게 생긴 꽃이 피며 수명이 길다. 홑꽃과 겹꽃이 있으며, 흰색, 노랑색, 주황색, 분홍색, 빨간색 등 다양한 색상의 꽃이 핀다.
빛과 장소 | 직사광과 간접광 아래에서 자란다.
온도 | 따뜻한 곳에서 잘 자라며 5도까지 견딘다.
물 주기 | 봄부터 가을까지 규칙적으로 물을 주되 토양이 말랐는지 확인하고 준다. 겨울에는 물 주는 횟수를 줄인다.

비료 | 봄부터 가을까지 관엽식물용 복합비료를 한 달에 한 번 준다. 겨울에는 주지 않는다.
특별관리 | 꽃이 다 피고 더 이상 꽃봉오리가 올라오지 않으면 식물을 버린다.
해충과 질병 | 진딧물, 거미응애, 온실가루이, 잿빛곰팡이병
품종 | 크기와 꽃의 색상에 따라 품종이 다양하다.
번식 | 봄에 씨를 뿌린다.

식물 분류

빛

외풍 내성

물 주기

비료

꽃 피는 계절

최저기온
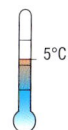 5°C

Gloriosa superba
글로리오사 ※ Glory Lily, Flamelily

과명_ 콜치카세아과 *Colchicaceae*

용도 | 실내, 온실, 일광욕실, 여름에는 실외에서 기르는 덩굴성 식물로 아름다운 꽃이 핀다.

원산지 | 열대 아프리카, 열대 아시아

식물형태 | 괴경 뿌리와 덩굴잎이 있는 다년생 덩굴식물로 여름에 잘 자란다. 붉은색에 노란색이 들어간 꽃잎이 뒤로 젖혀 있고, 수술이 아치 모양으로 돌출되어 있는 아름다운 꽃이 핀다.

빛과 장소 | 직사광에서 잘 자라며 간접광에서도 자란다.

온도 | 따뜻한 곳을 좋아하고 휴면기에는 5도까지 견딘다.

물 주기 | 생장기에는 토양이 말랐는지 확인한 후 규칙적으로 물을 주고 휴면기에는 주지 않는다.

비료 | 봄부터 가을철 휴면기가 시작하기 전까지 한 달에 한 번 관엽식물용 복합비료를 준다.

특별관리 | 꽃이 지면 잎이 누렇게 되는데, 이 때 물주기를 멈추고 식물을 건조하게 해준다. 겨울엔 화분속의 뿌리를 건조하게 해주고, 이듬해 봄에 분을 갈아준 후 물주기를 시작하며 식물을 5-20도의 온도에서 기른다. 괴경을 다룰 때 피부에 닿으면 염증을 일으킬 수 있으므로 주의하고, 구근에 상처가 나지 않도록 한다.

해충과 질병 | 거미응애

품종 | 로스쉴디아나(Rothschildiana) 품종은 꽃잎이 물결치듯 구불거리고 줄무늬가 있다.

번식 | 봄에 씨를 뿌리거나 겨울에 형성된 손가락 모양의 괴경을 나누어 심는다.

140

Guzmania dissitiflora
구즈마니아 ✶ Guzmania

과명 _ 파인애플과 *Bromeliaceae*

용도 | 실내, 온실, 여름에는 일광욕실에서 기르는 꽃 피는 파인애플과 식물이다.
원산지 | 코스타리카, 파나마, 콜롬비아
식물형태 | 선형의 밝은 초록색 잎이 로제트 형태로 나오며, 직립한 화서의 꽃은 빨간색이고 포엽은 노란색이다. 착생식물이며 생명력이 강하다.
빛과 장소 | 넓은 범위의 빛 조건에서 자랄 수 있으나 직사광은 피한다.

온도 | 따뜻한 곳에서 잘 자라며 15도까지 견딘다.
물 주기 | 로제트 형태의 통 안에 미지근한 물을 준다. 2~3주정도는 건조해도 견딜 수 있다.
비료 | 봄부터 가을까지 관엽식물용 복합비료를 한 달에 한 번 주고 겨울에는 주지 않는다. 로제트 통 안에 비료를 준다.
특별관리 | 서늘하게 기르는 계절을 제외하고는 로제트 안쪽은 항상 물기가 있어야 하며, 물이나 비료도 로제트 안에 준다.
해충과 질병 | 쥐똥나무벌레
품종 | 꽃과 잎의 모양과 색상에 따라 품종이 많다.
번식 | 봄에 새끼화초를 나누어 다른 화분에 심으면 번식이 된다.

Hedera helix
헤데라 ※ English Ivy

과명 _ 두릅나무과 *Araliaceae*

용도 | 실내, 온실, 일광욕실, 실외에서 기르는 덩굴식물이다. 틀이나 걸이용 화분에 적당하다.
원산지 | 유럽
식물형태 | 열편이 다섯개인 기는 덩굴식물이다. 잎은 진녹색이고 잎맥은 밝은 크림색이다.
빛과 장소 | 간접광에서 잘 자라며 봄부터 가을까지는 직사광을 피한다.
온도 | 따뜻한 곳, 서늘한 곳에서 모두 기를 수 있으며, 정원에서 겨울을 날 수 있다.
물 주기 | 수분이 과다할 경우 뿌리가 썩는다. 생장기에는 물을 규칙적으로 주고, 토양이 마른 후에 물을 준다. 나머지 기간에는 물을 적게 준다.
비료 | 봄부터 가을까지 관엽식물용 복합비료를 2주마다 준다. 겨울에는 주지 않는다.
특별관리 | 지지대를 세워줘야 하는 식물이기 때문에, 틀이나 작은 격자구조물에 넣어서 키우거나 화분걸이에 건다.

긴 줄기를 잘라주면 생장이 촉진된다. 봄마다 분갈이를 한다.
해충과 질병 | 진딧물, 쥐똥나무벌레, 깍지벌레, 거미응애, 잿빛곰팡이병.
품종 | 카나리엔시스(*H. canariensis*)는 잎이 크다. 잎의 모양과 크기, 색에 따라 다양한 품종이 있으며 주로 흰색, 노란색, 연두색 무늬가 있다.
번식 | 새로 나온 가지를 잘라 꽂으면 뿌리가 내리는데, 연중 번식이 가능하다.

식물 분류

빛

외풍 내성

물 주기

비료

꽃 피는 계절

최저기온
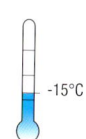
-15°C

Hibiscus rosa-sinensis
하와이 무궁화 ※China Hibiscus, Hawaiian Hibiscus

과명 _ 아욱과 *Malvaceae*

용도 | 실내, 온실, 일광욕실, 여름에는 실외에서 기르는 꽃 피는 관목이다.
원산지 | 열대 아시아
식물형태 | 광택이 나고 큰 진녹색 잎이 나는 상록성 관목이며 생명력이 강하다. 꽃은 홑꽃 또는 겹꽃이며 크고 화사하다. 흰색, 노란색, 분홍색, 주황색, 빨간색, 연보라색 등의 밝은 색깔을 띤다.
빛과 장소 | 직사광에서 잘 자라나 간접광에도 견딘다.
온도 | 따뜻한 곳과 서늘한 곳에서 기를 수 있으며, 12도까지는 견딘다.
물 주기 | 봄부터 가을까지 물을 충분히 주고, 겨울에는 적게 준다. 약간 건조해도 견딜 수 있다.
비료 | 봄부터 가을까지 관엽식물용 복합비료를 2주마다 준다. 겨울에는 주지 않는다.
특별관리 | 가을에 꽃이 지면 가지를 자르고, 분갈이를 한다. 겨울에는 잎이 떨어지고, 봄에 식물이 다시 살아난다.
해충과 질병 | 진딧물, 쥐똥나무벌레, 깍지벌레, 거미응애, 잿빛곰팡이병, 온실가루이
품종 | 꽃 색깔에 따라 다양한 품종이 있다.
번식 | 이른 여름에 새로 나온 가지 또는 반쯤 굳은 가지를 꽂으면 뿌리가 내린다.

식물 분류	빛	오풍 내성	물 주기	비료	꽃 피는 계절	최저기온
					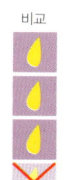	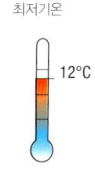

Hippeastrum
아마릴리스 ※ Amaryllis, Mexican Lily

과명_ 수선화과 *Amaryllidaceae*

용도 | 실내, 온실, 일광욕실에서 기르는 꽃 피는 구근식물이다.
원산지 | 아메리카 열대지방
식물형태 | 흰색, 크림색, 빨간색, 또는 두 가지 색이 섞인 꽃이 큰 줄기 끝에 피며 구근은 둥글다. 잎은 꽃이 진 다음에 나오는데, 윤이 나면서 긴 띠 모양이다.
빛과 장소 | 직사광에서 잘 자라나 간접광에서도 견딘다.
온도 | 따뜻한 곳과 서늘한 곳에서 모두 기를 수 있으며, 5도까지 견딘다.
물 주기 | 꽃이 피기 전과 핀 동안에는 물을 적게 준다. 잎이 생기면 물을 규칙적으로 주고, 토양이 말랐을 때 물을 주도록 한다. 휴면기에는 물을 주지 않는다.
비료 | 꽃이 피면 관엽식물용 복합비료를 2주마다 준다.
특별관리 | 이 식물은 휴면기가 필요하다. 늦은 여름부터 물을 주지 않으며, 서늘한 곳(10-15도)으로 옮겨 잎이 시들게 한다. 몇 달 후에 구근에서 꽃이 다시 피기 시작한다. 구근을 분갈이 해주면서 따뜻한 곳으로 옮기고 물을 다시 준다.
해충과 질병 | 없음
품종 | 꽃의 색깔에 따라 다양한 품종이 있다.
번식 | 늦은 겨울부터 이른 봄까지 모식물의 구근에서 분지를 나눠 번식한다.

식물 분류	빛	외풍 내성	물 주기		비료	꽃 피는 계절	최저기온
	☀	✗	봄	💧	💧	🌸	5°C
			여름	✗	✗	✗	
			가을	💧	💧	🌸	
			겨울	✗	✗	✗	

Howea forsteriana
켄차 야자 ※ Kentia Palm

과명 _ 야자과 *Arecaceae*

용도 | 실내, 온실, 여름에는 일광욕실에서 자라는 야자식물이다.
원산지 | 로드 호우 아일랜드
식물형태 | 가느다란 줄기에서 깃처럼 생긴 큰 풀색 잎이 크게 자라는 생명력 강한 야자식물이다.
빛과 장소 | 간접광에서 잘 자라며 직사광은 피한다.
온도 | 따뜻한 곳과 서늘한 곳에서 기를 수 있으며, 10도까지 견딘다.
물 주기 | 생장기에는 토양을 축축하게 유지한다. 건조에 약하므로 높은 습도를 유지하기 위해 자주 분무해준다.
비료 | 봄부터 가을까지 관엽식물용 복합비료를 한 달에 한 번씩 준다. 겨울에는 주지 않는다.
특별관리 | 직사광에 두면 잎이 노랗게 변한다. 3년마다 봄에 분갈이를 해준다.
해충과 질병 | 쥐똥나무벌레, 깍지벌레, 거미응애
품종 | 없음
번식 | 봄에 씨를 뿌린다.

식물 분류	빛	외풍 내성	물 주기		봄	여름	가을	겨울	비료	꽃 피는 계절	최저온도
											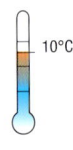 10°C

식물 분류

빛

외풍 내성

물 주기

비료

꽃 피는 계절

최저기온
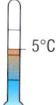
5°C

Hoya bella
호야 ※ Porcelain Flower, Wax Flower
과명 _ 박주가리과 *Asclepiadaceae*

용도 | 실내, 온실, 일광욕실에서 기르는 꽃 피는 덩굴식물이다. 걸이용 화분에 심기 좋다.
원산지 | 미얀마
식물형태 | 작고 타원형인 다육질의 잎이 늘어진 가지에 달리는 관목이다. 꽃은 윤기나는 흰색에 중심부가 분홍색이며, 늘어진 산형화서를 이루며 무리지어 핀다.
빛과 장소 | 간접광에서 잘 자라며 직사광은 피한다.
온도 | 따뜻한 곳과 서늘한 곳에서 기를 수 있으며, 5도까지 견딘다.

물 주기 | 생장기에는 물을 규칙적으로 주고, 토양이 마르면 물을 다시 준다. 나머지 기간에는 토양을 건조하게 한다.
비료 | 봄부터 가을까지 관엽식물용 복합비료를 한 달에 한 번씩 준다. 겨울에는 주지 않는다.
특별관리 | 낮에 12시간 이상 한 달 넘게 빛을 쪼이면 꽃봉오리가 형성된다. 꽃이 진 후에 가지를 잘라준다. 휴면기인 겨울에는 건조하면서 서늘한 장소(15도)에 둔다. 걸이용 화분에 기르며 2년마다 이른 봄에 분갈이를 해준다.
해충과 질병 | 쥐똥나무벌레, 깍지벌레, 거미응애
품종 | 리네아리스(*H. linearis*)는 긴 가지에 좁은 띠 모양의 잎이 자란다.
번식 | 봄 또는 여름에 생장점 부근의 줄기를 잘라 꽂는다.

Hydrangea macrophylla
수국 ※ Hortensia

과명 _ 수국과 *Hydrangeaceae*

식물 분류

빛

외풍 내성

물 주기

비료

꽃 피는 계절

최저기온

-15°C

용도 | 실내, 온실, 일광욕실, 실외에서 기르는 꽃 피는 관목이다.
원산지 | 일본, 한국
식물형태 | 가지가 자유롭게 자라는 아담한 관목이다. 크고 날카로운 톱니모양의 잎이 선명한 녹색을 띤다. 꽃은 흰색, 파란색, 양홍색 등을 띠며 무리를 이룬다.
빛과 장소 | 간접광에서 잘 자라며 직사광에도 견딘다.
온도 | 따뜻한 곳, 서늘한 곳에서 기를 수 있지만, 서늘한 곳을 더 선호한다. 정원에서 겨울을 날 수 있다.
물 주기 | 꽃 피는 동안이나 생장기에는 물을 충분히 주고, 마르지 않도록 한다. 나머지 기간에는 물을 적게 준다.
비료 | 봄부터 가을까지 관엽식물용 복합비료를 2주에 한 번씩 준다. 겨울에는 주지 않는다.
특별관리 | 꽃이 지면 버리거나 정원에 옮겨 심는다.
해충과 질병 | 거미응애, 잿빛곰팡이병, 흰가루병
품종 | 흰색, 분홍색, 진홍색 파란색 등 꽃 색에 따라 많은 품종이 있다.
번식 | 늦은 봄부터 초여름까지 새로 나온 가지를, 한여름 이후에는 반쯤 굳은 가지를 꽂으면 뿌리가 자란다.

Jasminum polyanthum
자스민 ✽ Jasmine

과명 _ 물푸레나무과 *Oleaceae*

용도 | 실내, 온실, 일광욕실, 실외에서 기르는 꽃 피는 덩굴식물이다. 작은 시렁에 기르면 좋다.

원산지 | 중국 서부

식물형태 | 기는 관목이며 줄기가 붉고 잎은 작고 진녹색이다. 5-7개의 소엽으로 이루어진 우상복엽의 형태이다. 진홍색 봉오리에서 향기로운 흰색 꽃이 핀다.

빛과 장소 | 직사광에서 잘 자라며 간접광에도 견딘다.

온도 | 서늘한 곳에서 잘 자라며 0도까지는 견딘다. 식물을 난방기 근처에 놓지 않는다.

물 주기 | 꽃 피는 동안에 토양을 항상 축축하게 유지하고 마르지 않도록 한다. 나머지 기간에는 물을 적게 준다.

비료 | 봄부터 가을까지 관엽식물용 복합비료를 한 달에 한 번씩 준다. 겨울에는 주지 않는다.

특별관리 | 식물을 빛이 잘 드는 서늘한 곳에 두면 꽃이 오래 간다. 여름에 정원같이 서늘한 곳에 두면 꽃봉오리의 형성이 촉진된다. 꽃이 진 후 가지들을 잘라준다. 가을에는 분갈이를 하고 따뜻한 곳에 둔다.

해충과 질병 | 진딧물, 거미응애, 잿빛곰팡이병

품종 | 다양한 품종이 있고, 화분에서 기를 수 있는 품종도 있다. 메스니 (*J. mesnyi*)는 긴 가지들이 아치를 이루고, 꽃은 크고 노란색이다. 오피시날레(*J. officinale*)은 가지들이 뒤엉켜 있는 관목이며 꽃은 향이 좋고 흰색이다.

번식 | 봄이나 여름에 새로 나온 가지나 반쯤 굳은 가지를 꽂으면 뿌리가 내린다.

식물 분류

빛

외풍 내성

물 주기

　　　봄　여름　가을　겨울

비료

꽃 피는 계절

최저기온
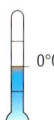
0°C

Juncus effusus 'Spiralis'
골풀 ※ Corkscrew Rush

과명 _ 골풀과 *Juncaceae*

용도 | 실내, 온실, 일광욕실, 실외에서 기르는 습지식물로 조형미가 있다.
원산지 | 미국 북부, 유럽, 아시아, 아프리카 남동부
식물형태 | 잎처럼 생긴 원통형 줄기들이 나선형으로 자란다. 잎은 초록색을 띠거나 초록색에 노란 줄무늬가 있다.
빛과 장소 | 직사광에서 잘 자라나 간접광에서도 견딘다. 겨울에는 직사광을 피한다.
온도 | 서늘한 곳에서 잘 자라며 정원에서 겨울을 날 수 있다.
물 주기 | 습지식물이므로 흙이 항상 축축해야 하고, 물을 수시로 준다. 물이 고여 있는 곳에서도 잘 견딘다.
비료 | 봄부터 가을까지 관엽식물용 복합비료를 한 달에 한 번씩 준다. 겨울에는 주지 않는다.
특별관리 | 겨울동안 실외에 옮기더라도 직사광은 피해야 한다. 매년 봄에 분갈이를 해준다.
해충과 질병 | 진딧물, 쥐똥나무벌레, 잿빛곰팡이병
품종 | 에푸수스(*J. effusus*) 품종은 잎처럼 생긴 줄기들이 원통형으로 곧게 자란다.
번식 | 이른 봄에 포기나누기를 한다.

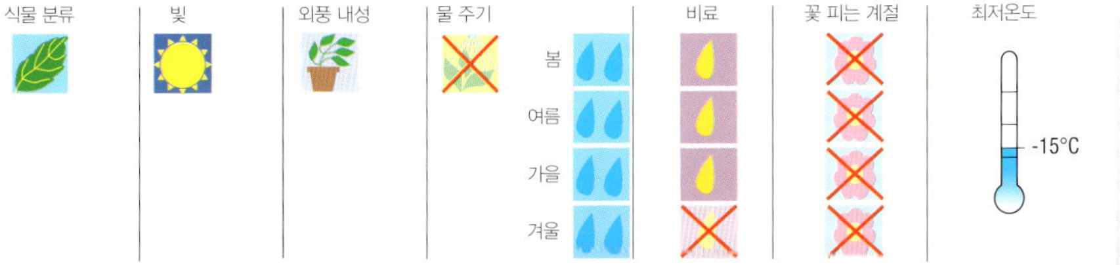

식물 분류	빛	외풍 내성	물 주기	비료	꽃 피는 계절	최저온도
			봄 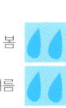			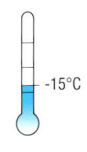 -15°C

Justicia brandegeana
새우풀 ✻ Shrimp Plant

과명_ 쥐꼬리망초과 *Acanthaceae*

용도 | 실내, 온실, 일광욕실, 이른 봄에서 가을까지는 실외에서 기르는 꽃 피는 관목이다.
원산지 | 멕시코 북동부, 플로리다 귀화식물
식물형태 | 아담하고 촘촘하게 자라는 관목이며, 잎은 타원형이고 털로 덮여 있다. 갈색 포엽과 흰색 꽃이 늘어진 수상화서의 형태를 이룬다.
빛과 장소 | 직사광에서 잘 자라고 간접광에서도 견딘다.
온도 | 따뜻한 곳과 서늘한 곳에서 기를 수 있으며, 5도까지 견딘다.
물 주기 | 봄부터 가을까지 물을 규칙적으로 주고, 토양이 마르면 다시 물을 준다. 겨울에는 물을 적게 준다.
비료 | 봄부터 가을까지 관엽식물용 복합비료를 2주에 한 번씩 준다. 겨울철에는 주지 않는다.
특별관리 | 꽃을 다시 피우기 위해 가지를 잘라주고 가을에 분갈이를 해준다. 빛이 드는 서늘한 곳(10-15도)으로 옮기고, 토양은 건조하게 한다. 이른 봄에 따뜻한 곳으로 옮기고 가지와 꽃들이 형성되기 시작하면 물을 다시 준다.
해충과 질병 | 진딧물, 쥐똥나무벌레, 거미응애, 잿빛곰팡이병
품종 | 포엽이 노란색 또는 황녹색인 품종이 있다.
번식 | 이른 봄에 새로 나온 가지를 꽂으면 뿌리가 난다. 가온된 번식상에 옮기고, 온도를 20도로 유지한다.

식물 분류	빛	외풍 내성	물 주기		비료	꽃 피는 계절	최저온도
				봄 여름 가을 겨울			 5°C

Kalanchoe beharensis
선녀무 ❋ Felt Bush

과명 _ 돌나물과 *Crassulaceae*

용도 | 실내, 온실, 일광욕실, 여름에는 실외에서 기르는 다육식물이며 조형미가 있다.
원산지 | 마다가스카르 남부
식물형태 | 목본성의 다육식물로 화살촉 모양 잎의 가장자리는 톱니 모양이고 꽃은 황녹색이다. 잎은 털로 덮여 있고, 앞면은 갈색을 띠는 초록색이며 뒷면은 은색이다.
빛과 장소 | 직사광이나 간접광에서 잘 자란다.
온도 | 따뜻한 곳, 서늘한 곳에서 기를 수 있으며, 7도까지 견딘다.
물 주기 | 봄부터 가을까지 물을 규칙적으로 주고 토양이 말랐을 때 물을 다시 준다. 겨울에는 토양을 건조하게 유지한다. 장소에 따라 2-4주 정도는 건조해도 견디지만 물이 과다하면 뿌리가 썩는다.
비료 | 봄부터 가을까지 관엽식물용 복합비료를 한 달에 한 번씩 준다. 겨울에는 주지 않는다.
특별관리 | 배수가 잘 되게 하고, 겨울에는 빛이 드는 서늘한 곳(10-15도)에서 휴면기를 보낸다. 3년마다 이른 봄에 분갈이를 한다.
해충과 질병 | 진딧물, 쥐똥나무벌레, 잿빛곰팡이병
품종 | 티르시폴리아(*K. thyrsifolia*)의 잎은 큰 타원형에 털로 덮여 있고, 은색과 연한 초록색이며 가장자리가 붉다.
번식 | 성숙한 잎을 제거하면 그 기부에 새 잎이 나온다. 직사광을 피하고 따뜻한 곳에 둔다.

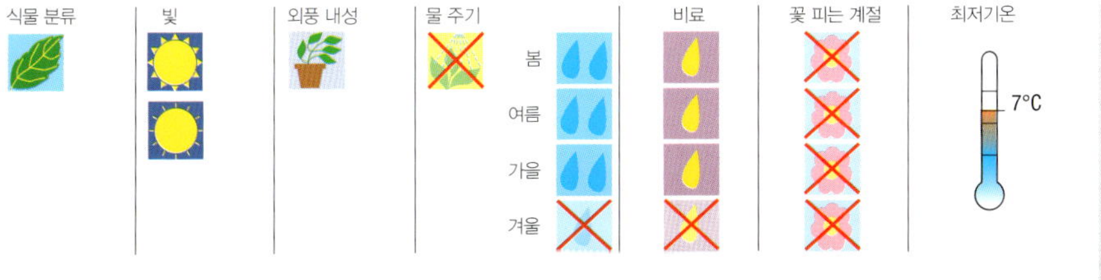

식물 분류	빛	외풍 내성	물 주기	비료	꽃 피는 계절	최저기온
			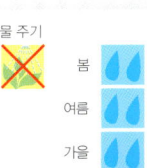			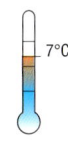 7°C

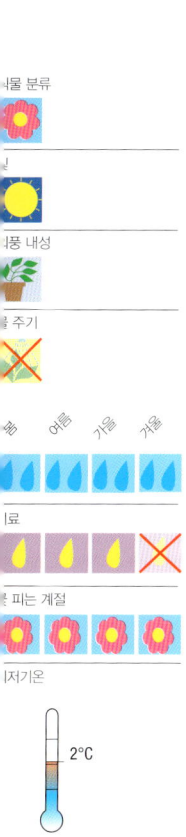

Kalanchoe blossfeldiana
칼랑코에 ※ Kalanchoe

과명 _ 돌나물과 *Crassulaceae*

용도 | 실내, 온실, 일광욕실, 실외에서 기르는 꽃 피는 식물이다.

원산지 | 마다가스카르

식물형태 | 큰 진녹색 잎에 홑꽃 또는 겹꽃이 빽빽한 무리를 지어 직립으로 자라는 아담한 식물이다. 꽃은 흰색, 크림색, 노란색, 주황색, 빨간색, 분홍색, 자주색이며 밝고 선명하다.

빛과 장소 | 직사광과 간접광에서 잘 자란다. 여름에 직사광에 노출시키면 잎이 붉게 변한다.

온도 | 따뜻한 곳에서 서늘한 곳까지 기를 수 있으며, 2도까지 견딘다.

물 주기 | 봄부터 가을까지 규칙적으로 물을 주고, 토양이 마르면 물을 다시 준다. 장소에 따라 건조해도 2-4주는 견디며, 물이 과다하면 뿌리가 썩는다.

비료 | 봄부터 가을까지 관엽식물용 복합비료를 한 달에 한 번씩 준다. 겨울에는 주지 않는다.

특별관리 | 식물을 4주 동안 낮 시간이 8시간 이하인 단일조건에 두면 꽃이 다시 핀다. 꽃이 진 후에는 버린다.

해충과 질병 | 진딧물, 쥐똥나무벌레, 잿빛곰팡이병

품종 | 다양한 꽃 색깔에 따라 많은 품종이 있다. 아프리칸(African)은 식물과 꽃이 크고, 다육질이면서 우상복엽인 잎이 있다. 미라벨라(Mirabella)는 다육질의 작은 잎과 늘어진 관 모양 꽃이 핀다. 웬디(Wendy)는 자주색 관 모양의 큰 꽃이 핀다.

번식 | 봄부터 가을 사이에 가지를 잘라서 꽂으면 뿌리가 난다.

Kalanchoe tomentosa

마다가스카르 바위솔

✽ 칼랑코에 토멘토사 Panda Plant

과명 _ 돌나물과 *Crassulaceae*

용도 | 실내, 온실, 일광욕실, 여름에는 실외에서 기르는 다육식물이며 조형미가 있다.
원산지 | 마다가스카르 중부
식물형태 | 가지는 직립으로 자라고 잎은 다육질에, 흰 펠트로 덮인 것처럼 생겼다. 잎 끝은 날카로운 톱니로 되어 있고, 가장자리가 갈색이다.
빛과 장소 | 직사광과 간접광에서 잘 자란다.
온도 | 따뜻한 곳에서 서늘한 곳까지 기를 수 있으며, 7도까지 견딘다.
물 주기 | 봄부터 가을까지 물을 규칙적으로 주고, 토양이 마르면 물을 다시 준다. 겨울에는 토양을 건조하게 유지한다. 한 달 가량 건조해도 견디지만, 물이 과다하면 뿌리가 썩는다.
비료 | 봄부터 가을까지 관엽식물용 복합비료를 한 달에 한 번씩 준다. 겨울에는 주지 않는다.
특별관리 | 배수가 잘 되게 하고, 겨울에는 빛이 드는 서늘한 곳(10-15도)에서 휴면기를 갖는다. 3년마다 이른 봄에 분갈이를 해준다.
해충과 질병 | 진딧물, 쥐똥나무벌레, 잿빛곰팡이병
품종 | 다양한 종이 있다.
번식 | 봄부터 가을까지 가지를 꽂으면 뿌리가 난다.

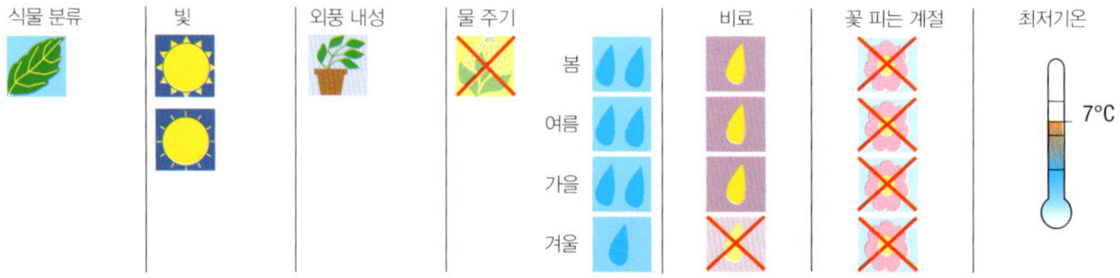

식물 분류	빛	외풍 내성	물 주기	비료	꽃 피는 계절	최저기온
						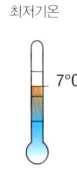 7°C

Laurus nobilis
월계수 ∗ Bay Tree, Sweet Bay

과명 _ 녹나무과 *Lauraceae*

용도 │ 실내, 온실, 일광욕실, 여름에는 실외에서 기르는 관목이며 조형미가 있다. 잎은 요리할 때 사용한다.
원산지 │ 유럽
식물형태 │ 작은 상록수이며 향이 좋고 타원형이며 가죽 질감을 가진 잎은 요리할 때 사용한다. 꽃은 황녹색이고 눈에 잘 띄지 않는다.
빛과 장소 │ 직사광에서 잘 자라지만 간접광에서도 견딘다.
온도 │ 서늘한 곳에서 잘 자라고, 5도까지 견딘다.
물 주기 │ 봄부터 가을까지 물을 충분히 주고, 겨울에는 물을 적게 준다. 물에 잠겨 있으면 죽는다.
비료 │ 봄부터 가을까지 관엽식물용 복합비료를 2주에 한 번씩 준다. 겨울에는 주지 않는다.
특별관리 │ 여름에 가지를 잘라서 원하는 형태를 만든다. 배수가 잘 되게 하고, 겨울에는 빛이 드는 서늘한 곳(5-10도)에서 휴면기를 갖는다. 매년 봄에 분갈이를 해준다.
해충과 질병 │ 쥐똥나무벌레, 깍지벌레
품종 │ 없음
번식 │ 늦여름 또는 이른 봄에 반쯤 굳은 가지를 꽂으면 뿌리가 내린다. 습도가 높아야 뿌리를 내리므로 플라스틱 봉지에 넣어 놓는다.

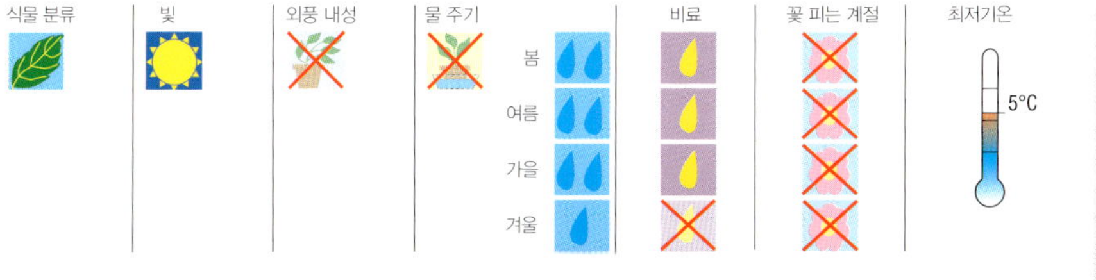

식물 분류	빛	외풍 내성	물 주기	비료	꽃 피는 계절	최저기온
				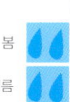		 5°C

Leptospermum scoparium
호주 매화 ✽ 어류매 Broom Tea Tree

과명 _ 도금양과 *Myrtaceae*

용도 | 실내, 온실, 일광욕실, 봄부터 여름까지는 실외에서 기를 수 있는 꽃 피는 관목이다.
원산지 | 오스트레일리아
식물형태 | 꽃이 피는 관목으로 작고 부드러운 잎에는 향유가 나오는 분비기관이 있다. 꽃은 흰색, 분홍색, 빨간색이며 작고 광택이 난다.
빛과 장소 | 직사광에서 잘 자라고 간접광에도 견딘다.
온도 | 따뜻한 곳과 서늘한 곳에서 모두 기를 수 있으며, 0도까지 견딘다.
물 주기 | 물에 잠겨 있어도 견디며, 토양에 연수를 줘서 늘 축축하게 유지한다.
비료 | 봄부터 가을까지 산성 비료를 2주에 한 번씩 준다. 겨울에는 주지 않는다.
특별관리 | 휴면기인 겨울에는 빛이 드는 서늘한 곳(5-10도)에 둔다. 꽃봉오리의 형성은 낮 시간이 8시간 이하인 단일조건 및 저온에서 촉진된다. 매년 산성토양으로 분갈이를 한다.
해충과 질병 | 곰팡이병
품종 | 다양한 종류의 품종들이 있고, 꽃의 색깔은 흰색에서 빨간색까지 다양하다.
번식 | 가을에 반쯤 굳은 가지를 꽂으면 뿌리가 내린다. 번식상에서 키우고, 온도를 12-20도로 유지한다.

식물 분류	빛	외풍 내성	물 주기	비료	꽃 피는 계절	최저기온
			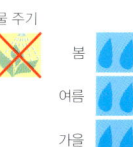		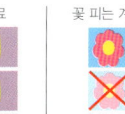	

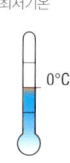

Lithops spp.
노미옥 * 리돕스 Living Stones

과명 _ 석류풀과 *Aizoaceae*

용도 | 실내, 온실, 일광욕실에서 기르는 다육식물이다.
원산지 | 아프리카 남부
식물형태 | 느리게 자라는 다육식물로 부풀어오른 듯한 잎 쌍을 이루며 돌처럼 생겼다. 잎은 회색 또는 갈색이고 무늬가 강렬하다. 여름에 데이지처럼 생긴 밝은 색 꽃이 핀다.
빛과 장소 | 직사광에서 잘 자란다.
온도 | 따뜻한 곳에서 잘 자라고 2도까지는 견딘다. 겨울에는 서늘한 곳을 선호한다.
물 주기 | 봄부터 가을까지 물을 규칙적으로 주고, 토양이 마르면 물을 다시 준다. 겨울의 휴면기에는 물을 주지 않는다. 봄에 잎이 생기면 물을 적게 준다. 물이 과다하면 죽는다.
비료 | 봄부터 가을까지 관엽식물용 복합비료를 한 달에 한 번씩 준다. 겨울에는 주지 않는다.
특별관리 | 물이 과다하거나 빛이 약하면 죽는다. 휴면기인 겨울에는 5-10도인 곳에 둔다. 3년마다 이른 봄에 분갈이를 해주고, 비료가 없는 흙을 사용한다. 토양의 표면에 작은 돌을 배치하여 물이 잘 빠지게 한다.
해충과 질병 | 물이 과다할 경우 식물이 곰팡이병으로 죽는다.
품종 | 잎과 꽃의 형태와 색에 따라 다양한 품종이 있다.
번식 | 봄 또는 가을에 씨를 뿌리고, 봄에 가지를 잘라 꽂으면 뿌리가 내린다.

Ludisia discolor
루디시아 디스컬러 ※ 홍엽란 Jewel Orchid

과명 _ 난초과 *Orchidaceae*

식물 분류

빛

외풍 내성

물 주기

봄 여름 가을 겨울

비료

꽃 피는 계절

최저기온

13°C

용도 | 실내, 온실, 일광욕실에서 기르는 꽃 피는 난이다.
원산지 | 중국 남부, 베트남, 말레이 반도
식물형태 | 작은 지생난이며 기어가는 근경을 가지고 있다. 진녹색 잎은 부드럽고 타원형이며 붉은색 엽맥이 무늬를 이룬다. 작은 흰색 꽃은 향기가 좋다.
빛과 장소 | 그늘진 곳이나 간접광에서 잘 자란다. 직사광은 피한다.
온도 | 따뜻한 곳과 서늘한 곳에서 기를 수 있으며, 13도까지 견딘다.

물 주기 | 토양에 연수를 줘서 축축하게 유지하고, 건조에 약하므로 주의한다. 습도를 높게 유지하기 위해 자주 분무해준다.
비료 | 꽃이 피는 동안에 난 전용 비료를 준다. 나머지 기간에는 주지 않는다.
특별관리 | 3년마다 봄에 분갈이를 해주고, 난 전용 비료를 사용한다.
해충과 질병 | 깍지벌레, 거미응애, 곰팡이병
품종 | 없음
번식 | 봄에 생장점 부근의 줄기를 잘라 꽂으면 뿌리가 내린다. 48시간 동안 시원하면서 건조한 곳에 둔 이후, 난 전용 배양토에 심는다. 번식상에서 키우고, 습도를 높게 하면서 온도를 20도로 유지한다.

Mandevilla
만데빌라 ✽ Mandevilla

과명 _ 협죽도과 *Apocynaceae*

용도 | 실내, 온실, 일광욕실, 실외에서 기르는 꽃 피는 덩굴식물이다. 작은 시렁에 넣어 기른다.

식물형태 | 잎은 윤기 나는 진녹색이고 트럼펫 모양의 꽃이 피며, 감아 올라가는 덩굴식물이다. 우윳빛 수액이 있으며 꽃은 흰색, 분홍색, 진분홍색이다.

빛과 장소 | 직사광에서 잘 자라나 간접광에도 견딘다.

온도 | 따뜻한 곳에서 서늘한 곳까지 기를 수 있으며, 5도까지 견딘다.

물 주기 | 봄부터 가을까지 물을 규칙적으로 주고, 토양이 마르면 물을 준다. 겨울에는 서늘한 곳에서 건조하게 둔다.

비료 | 봄부터 가을까지 관엽식물용 복합비료를 2주에 한 번씩 준다. 겨울에는 주지 않는다.

특별관리 | 수액은 피부에 자극적이므로 주의한다. 지지대를 세워줘야 하는 덩굴식물이기 때문에 시렁에 두면 좋다. 겨울에는 휴면기를 갖고, 이때 빛이 드는 서늘한 곳(10-15도)에 둔다. 매년 이른 봄에 분갈이를 하고 긴 가지를 잘라준다.

해충과 질병 | 진딧물, 거미응애.

품종 | 알리스 뒤퐁 (*M. amoena*, 'Alice duPont')은 여름에 화려한 꽃이 핀다. 볼리비엔시스 (*M. boliviensis*)의 꽃은 작고 흰색이며 목 부분은 주황색, 노란색이다. 산데리(*M. sanderi*)는 식물과 잎의 크기가 작고, 목부분이 노란색인 분홍색 꽃이 핀다.

번식 | 이른 봄에 새로 나온 가지 또는 반쯤 굳은 가지를 꽂으면 뿌리가 내린다. 번식상에서 키우고, 온도를 20-25도로 유지한다.

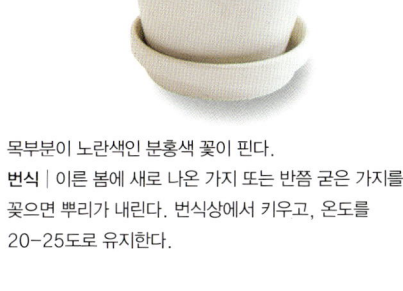

Maranta leuconeura
마란타 ※ Red Veined Prayer Plant

과명 _ 마란타과 *Marantaceae*

용도 | 실내, 온실, 여름에는 일광욕실에서 기르는 관엽식물이다. 장식적 기능이 있으며 지면을 덮는 용도로 적합하다.
원산지 | 브라질
식물형태 | 아담한 다년생 초본식물로 잎은 회녹색 타원형이고, 저녁에는 잎이 말려 올라간다. 잎의 주맥 양쪽에 진갈색의 반점이 있다.
빛과 장소 | 그늘이나 간접광에서 잘 자라며 직사광은 피한다.
온도 | 따뜻한 곳에서 잘 자라고 15도까지는 견딘다.

물 주기 | 토양을 축축하게 유지한다. 건조에 약하므로 높은 습도를 유지하기 위해 자주 분무해준다.
비료 | 봄부터 가을까지 관엽식물용 복합비료를 한 달에 한 번씩 준다. 겨울에는 주지 않는다.
특별관리 | 높은 습도를 선호한다. 2년마다 이른 봄에 분갈이를 해준다.
해충과 질병 | 거미응애
품종 | 패시네이터(Fascinator) 품종은 분홍색의 엽맥이 물고기가시 같은 무늬를 이룬다.
번식 | 포기나누기를 하거나 봄에 잎이 두 개 붙은 기부의 줄기를 잘라 꽂는다.

Miltonia
밀토니아 ✽ Miltonia

과명_ 난초과 *Orchidaceae*

식물 분류

빛

외풍 내성

물 주기

비료

꽃 피는 계절

최저기온

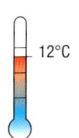

용도 | 실내, 온실, 일광욕실에서 기르는 꽃 피는 난이다.
원산지 | 브라질
식물형태 | 잎이 길고 줄기는 부푼 구근처럼 생겼다. 직립 줄기에 자주색 또는 흰색 꽃이 크게 핀다. 꽃은 정원 팬지와 비슷하다.
빛과 장소 | 간접광에서 잘 자라며 직사광은 피한다.
온도 | 따뜻한 곳에서 서늘한 곳까지 기를 수 있으며, 12도까지 견딘다.
물 주기 | 봄부터 가을까지 토양에 연수를 규칙적으로 주어 마르지 않도록 한다. 겨울에는 물을 적게 준다.
비료 | 봄부터 가을까지 난 전용 비료를 한 달에 한 번씩 준다. 겨울에는 주지 않는다.
특별관리 | 매년 봄마다 난 전용 배양토를 사용하여 분갈이한다.
해충과 질병 | 깍지벌레, 거미응애, 곰팡이병
품종 | 꽃의 형태와 색깔에 따라 많은 종과 품종이 있다.
번식 | 잎이 없는 퇴화구를 봄에 새로 심는다.

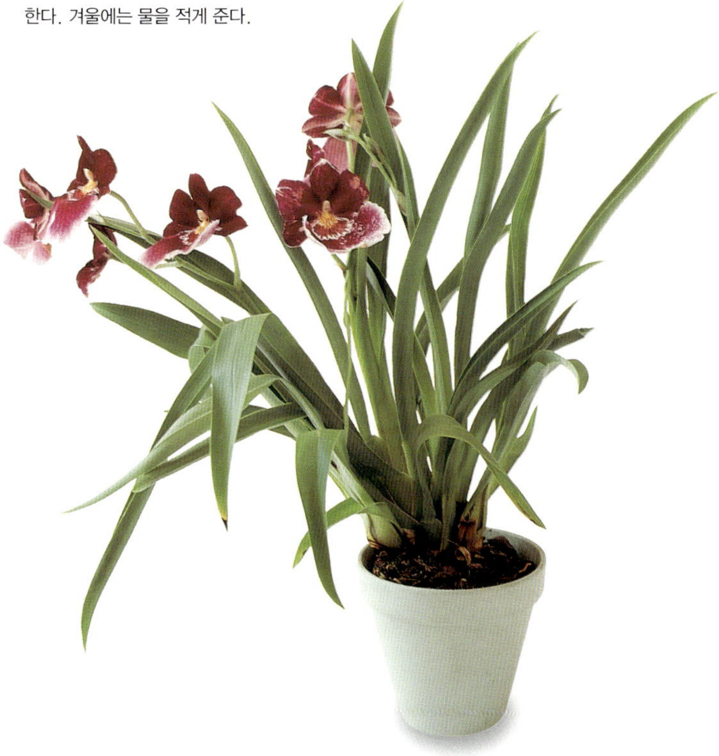

Monstera deliciosa
몬스테라 ※ Swiss Cheese Plant, Windowleaf

과명_천남성과 *Araceae*

용도 | 실내, 온실, 여름에는 일광욕실에서 기르는 관엽식물이며 조형미가 있다.
원산지 | 멕시코
식물형태 | 목본성의 덩굴식물. 기근이 길고 큰 초록색 잎은 광택이 나며 가죽 같은 질감이다. 어린 잎은 밋밋하나 성숙하면 깊게 파인 모양이 되며 우상복엽의 형태이다.
빛과 장소 | 넓은 범위의 빛 조건에서 견디지만 직사광은 피한다.
온도 | 따뜻한 곳을 선호하고 15도까지 견딘다.
물 주기 | 물을 규칙적으로 준다. 건조에 약하기 때문에 건조하면 잎이 타들어간다.
비료 | 봄부터 가을까지 관엽식물용 복합비료를 2주에 한 번씩 준다. 겨울에는 주지 않는다.
특별관리 | 크기 때문에 공간을 많이 차지한다. 한 달에 한 번 욕실에서 전체적으로 물을 뿌려주는 것이 좋다. 봄에 가지를 자르고 2-3년마다 이른 봄에 분갈이를 해준다.
해충과 질병 | 진딧물, 거미응애, 잿빛곰팡이병
품종 | 없음
번식 | 어느 계절이든 잎눈이나 줄기를 두 마디 정도 길이로 잘라서 꽂으면 뿌리가 내린다. 습도를 높게 유지하고 온도를 20-25도로 유지하여 번식상에서 키운다.

Myrtus communis
은매화 ✽ 머틀 Myrtle

과명_도금양과 *Myrtaceae*

용도 | 실내, 온실, 일광욕실, 봄부터 가을까지는 실외에서 기르는 향기 나는 관엽식물
원산지 | 유럽
식물형태 | 상록의 관목으로 진녹색 잎은 가죽 같은 질감에 광택이 나고 형태는 타원형이며 문지르면 향기가 난다. 향기 나는 흰색 꽃에는 흰색 수술이 있고, 자주색의 열매가 열린다.
빛과 장소 | 직사광에서 잘 자라고 간접광에서도 견딘다.
온도 | 따뜻한 곳, 서늘한 곳에서 모두 기를 수 있으며, 5도까지 견딘다. 겨울에는 서늘한 곳을 선호한다.

물 주기 | 봄부터 가을까지 토양에 연수를 규칙적으로 주고, 겨울에는 물을 적게 준다. 토양이 마르지 않도록 한다.
비료 | 봄부터 가을까지 관엽식물용 복합비료를 2주에 한 번씩 준다. 겨울에는 주지 않는다.
특별관리 | 휴면기인 겨울에는 빛이 드는 서늘한 곳(5-10도)에 둔다. 2년마다 봄에 분갈이를 하고 가지를 잘라준다.
해충과 질병 | 쥐똥벌레나무, 깍지벌레, 온실가루이
품종 | 없음
번식 | 가을에 반쯤 굳은 가지나 굳은 가지를 잘라 꽂는다.

Nematanthus gregarius
나막신꽃

※ 네마탄서스 Clog plant, Goldfish Plant

과명_제스네리아과 *Gesneriaceae*

용도 | 실내, 온실, 일광욕실에서 기르는 꽃 피는 관목
원산지 | 멕시코, 과테말라, 코스타리카, 파나마
식물형태 | 생명력이 강한 관목이며 가지는 곧게 자라고 잎은 작으면서 광택이 나는 다육질이다. 잎겨드랑이에 홀로 피는 다육질 꽃은 주황색 주머니 모양이다.
빛과 장소 | 직사광과 간접광에서 모두 자란다.
온도 | 따뜻한 곳과 서늘한 곳에서 모두 기를 수 있으며, 5도까지 견딘다. 겨울에는 서늘한 곳을 선호한다.
물 주기 | 생장기에는 물을 규칙적으로 준다. 화분을 10분 동안 물에 담가서 물을 주고, 토양이 말랐을 때 물을 다시 준다. 나머지 기간에는 물을 적게 준다.
비료 | 봄부터 가을까지 관엽식물용 복합비료를 2주에 한 번씩 준다. 겨울에는 주지 않는다.
특별관리 | 매년 꽃이 핀다. 휴면기인 겨울에는 빛이 드는 서늘한 곳(5-10도)에 둔다. 이른 봄에 분갈이를 하고 긴 가지들을 잘라준다.
해충과 질병 | 진딧물, 거미응애, 잿빛곰팡이병, 쥐똥나무벌레
품종 | 없음
번식 | 봄에 잎이 두 개 붙은 줄기를 잘라 꽂는다.

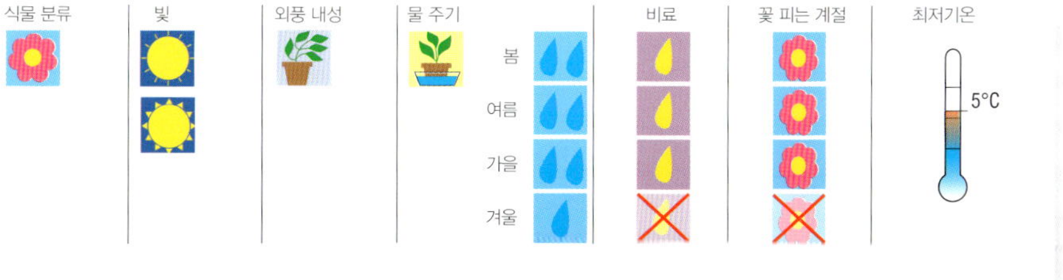

식물 분류	빛	외풍 내성	물 주기		비료	꽃 피는 계절	최저기온
			 봄 여름 가을 겨울				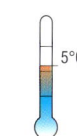 5°C

식물 분류

빛

외풍 내성

물 주기

비료

꽃 피는 계절

최저기온

8°C

Neoregelia carolinae
네오레겔리아 ☀Blushing Bromeliad

과명 _ 파인애플과 *Bromeliaceae*

용도 | 실내, 온실, 여름에는 일광욕실에서 기르는 파인애플과 식물이며 생명력이 강하고 꽃이 핀다.
원산지 | 브라질
식물형태 | 로제트 형태로 잎은 광택이 나고 가죽 질감이며 가장자리는 톱니 모양이다. 꽃이 로제트 안에서 무리지어 자라고, 화려한 빨간색의 포엽으로 둘러싸여 있다.
빛과 장소 | 넓은 범위의 빛 조건에서 견디지만 직사광은 피한다.
온도 | 따뜻한 곳과 서늘한 곳에서 기를 수 있으며, 8도까지 견딘다.
물 주기 | 실온의 물을 준다. 건조해도 몇 주일은 죽지 않는다.
비료 | 봄부터 가을까지 약한 비료를 로제트 안에 규칙적으로 준다. 겨울에는 주지 않는다.

특별관리 | 로제트 안에 물과 비료를 주는데, 온도가 낮을 때를 제외하고는 로제트 안에 항상 물을 품고 있어야 한다.
해충과 질병 | 쥐똥나무벌레, 거미응애
품종 | 메이엔도르피(Meyendorffii) 품종의 잎은 올리브 색이고 엷은 자색 꽃이 핀다. 플란드리아(Flandria) 품종의 잎은 올리브색이고 가늘고 노란 테두리가 있다. 트리컬러 퍼펙타 (Tricolor Perfecta) 품종의 잎은 중앙은 황녹색, 가장자리는 진녹색이다.
번식 | 포기나누기를 하고 봄이나 여름에 분지를 새로 심는다.

Nepenthes
벌레잡이통풀 ※ Pitcher Plant

과명 _ 벌레잡이통풀과 *Nepenthaceae*

용도 | 실내, 온실, 여름에는 일광욕실에서 기르는 식충식물이며 조형미가 있다.
식물형태 | 초본성 식물로 잎은 창 모양에 가죽 질감이다. 속이 비어 있고 뚜껑이 있는 독특한 주머니 모양의 잎으로 곤충을 유인하여 소화한다. 주머니 모양 잎은 갈색 또는 초록색인데 잎의 주맥이 연장되어 발달된 것이며, 밀착성 있는 덩굴손 역할을 한다.
빛과 장소 | 간접광에서 잘 자라며 직사광을 피한다.
온도 | 따뜻한 곳을 선호하고, 15도까지 견딘다.
물 주기 | 토양에 연수를 주어 마르지 않도록 한다. 식물을 축축하게 유지하기 위해 자주 분무해준다.
비료 | 봄부터 가을까지 약한 비료를 일주일에 한 번씩 준다. 분무기로 잎에 비료를 뿌린다.
특별관리 | 습도가 높아야 잘 자란다. 매년 이른 봄에 분갈이를 해주는데, 흡수성이 좋은 물이끼에 자갈을 섞어서 사용하고 가지도 잘라준다.
해충과 질병 | 없음
품종 | 주머니의 형태, 색, 크기에 따라 다양한 종과 품종이 있다.
번식 | 봄에 씨를 뿌리고, 27도의 번식상에서 키운다. 봄에 새로 나와서 반쯤 굳은 가지를 잘라 꽂는다.

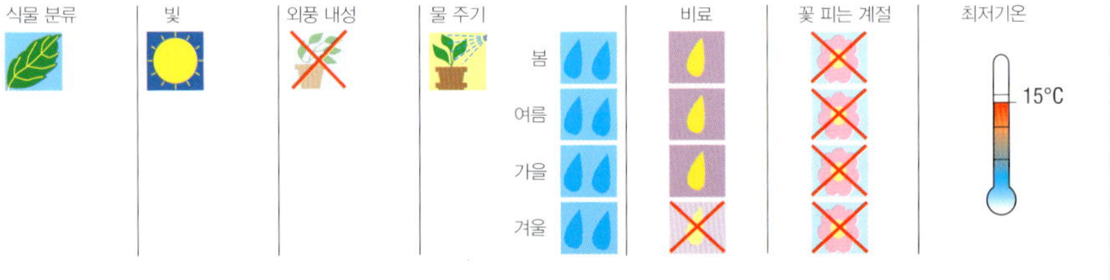

식물 분류	빛	외풍 내성	물 주기		비료	꽃 피는 계절	최저기온
				봄 여름 가을 겨울		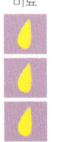	  15°C

Nephrolepis exaltata
보스톤 고사리
✳ Boston Fern

과명 _ 줄고사리과
Nephrolepidaceae

용도 | 실내, 온실, 여름에는 일광욕실에서 기르는 고사리 식물로 조형미가 있다. 일부 품종은 걸이용 화분에 기른다.
원산지 | 열대지역
식물형태 | 생명력이 강한 탄탄한 고사리식물로 우상복엽이면서 신선한 녹색의 잎이 나는데, 위로 자라기도 하고 늘어지기도 한다.
빛과 장소 | 간접광에서 잘 자라며 여름에는 직사광을 피한다.
온도 | 따뜻한 곳을 선호하고 10도까지 견딘다.
물 주기 | 생장기 동안 물을 규칙적으로 주고, 토양이 마르면 물을 다시 준다. 높은 습도를 유지하기 위해 자주 분무해준다.
비료 | 봄부터 가을까지 관엽식물용 복합비료를 2주에 한 번씩 준다. 겨울에는 주지 않는다.
특별관리 | 습도가 높아야 잘 자란다. 어느 계절이든 노화된 잎들을 잘라주고, 2년마다 봄에 분갈이를 한다.
해충과 질병 | 진딧물, 쥐똥나무벌레, 깍지벌레, 잿빛곰팡이병
품종 | 잎의 형태, 색, 크기에 따라 다양한 품종이 있다. 보스톤이엔시스(Bostoniensis)는 늘어진 연녹색 잎이 난다. 테디주니어(Teddy Junior)의 잎은 진녹색이고 어린 잎은 가장자리가 구불거린다.
번식 | 새끼식물이 근경 옆에서 자라면 이른 봄에 엄마식물에서 분리해준다. 포자들이 익으면 뿌린다.

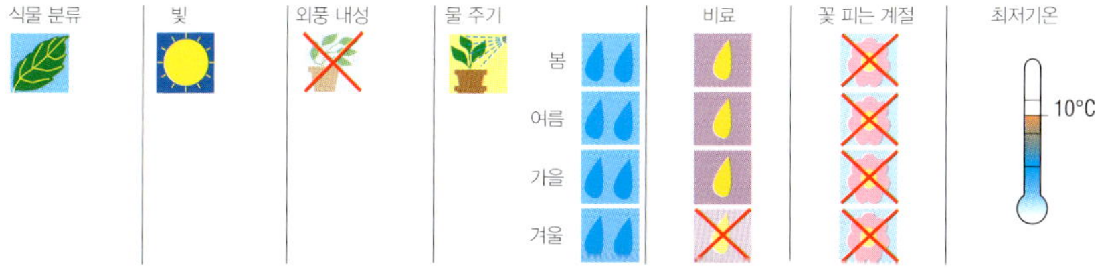

식물 분류	빛	외풍 내성	물 주기	비료	꽃 피는 계절	최저기온
						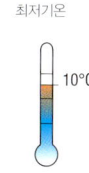

식물 분류

빛

외풍 내성

물 주기

봄 여름 가을 겨울

비료

꽃 피는 계절

최저기온
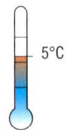
5℃

Nertera granadensis

방울풀 ※ Bead Plant

과명_꼭두서니과 *Rubiaceae*

용도 | 실내, 온실, 일광욕실, 여름에는 실외에서 기르는 관상용 식물로 작은 열매가 열린다. 땅을 덮는 용도로도 사용한다.
원산지 | 미국 중부 및 남부, 오스트레일리아, 뉴질랜드
식물형태 | 다년생의 기는 식물로 초록색 작은 잎들이 무리를 형성해 빽빽하게 자란다. 작은 초록색 꽃이 피고 둥글고 선명한 주황색, 노란색 열매가 열린다.
빛과 장소 | 간접광에서 잘 자라며 직사광은 피한다.
온도 | 따뜻한 곳과 서늘한 곳에서 모두 기를 수 있으며, 5도까지 견딘다. 겨울에는 서늘한 곳에서 기른다.
물 주기 | 화분을 10분 동안 물에 담가서 밑에서부터 물을 준다. 토양이 말랐을 때 물을 다시 준다. 겨울에는 서늘한 곳에서 건조하게 유지한다.
비료 | 봄부터 여름까지 관엽식물용 복합비료를 한 달에 한 번씩 준다. 가을과 겨울에는 주지 않는다.
특별관리 | 열매가 떨어지면 식물을 버리거나 겨울에 서늘한 곳(5-10도)에 두어 다음 해에 꽃과 열매의 형성을 촉진시킨다. 이른 봄에 분갈이를 한다.
해충과 질병 | 진딧물, 쥐똥나무벌레, 잿빛곰팡이병
품종 | 열매의 색에 따라 다양한 품종이 있으며 열매는 대개 주황색, 노란색이다.
번식 | 늦은 봄에 포기나누기를 한다.

Olea europaea
올리브 ✽ Olive

과명 _ 물푸레나무과 *Oleaceae*

용도 | 실내, 온실, 일광욕실, 여름에는 실외에서 기르는 작은 관엽식물이다. 열매는 요리에 이용한다.
원산지 | 고대부터 재배되었다.
식물형태 | 상록의 작은 나무로 회녹색 잎은 폭이 좁고 창 모양이며, 가죽 같은 질감이다. 노란색이나 흰색 꽃이 작게 피며, 열매가 초록색에서 윤기 나는 검은색으로 변한다. 식용의 올리브를 생성하기 위해서는 많은 빛과 높은 습도가 필요하다.
빛과 장소 | 직사광에서 잘 자라나 간접광에서도 견딘다.
온도 | 따뜻한 곳을 선호하지만, 0도까지 견딘다. 겨울에는 서늘한 곳에 둔다.

물 주기 | 봄부터 여름까지 물을 규칙적으로 주고, 토양이 마르면 물을 다시 준다. 겨울에는 토양을 건조하게 유지한다.
비료 | 봄부터 가을까지 관엽식물용 복합비료를 한 달에 한 번씩 준다. 겨울에는 주지 않는다.
특별관리 | 겨울의 휴면기에는 빛이 드는 서늘한 곳(5-10도)에 둔다. 이른 봄에 가지를 잘라주고, 3년마다 이른 봄에 분갈이를 한다.
해충과 질병 | 진딧물, 깍지벌레
품종 | 없음
번식 | 여름에 새로 나와서 반쯤 굳은 가지를 잘라 꽂는다. 20-25도의 번식상에서 키운다.

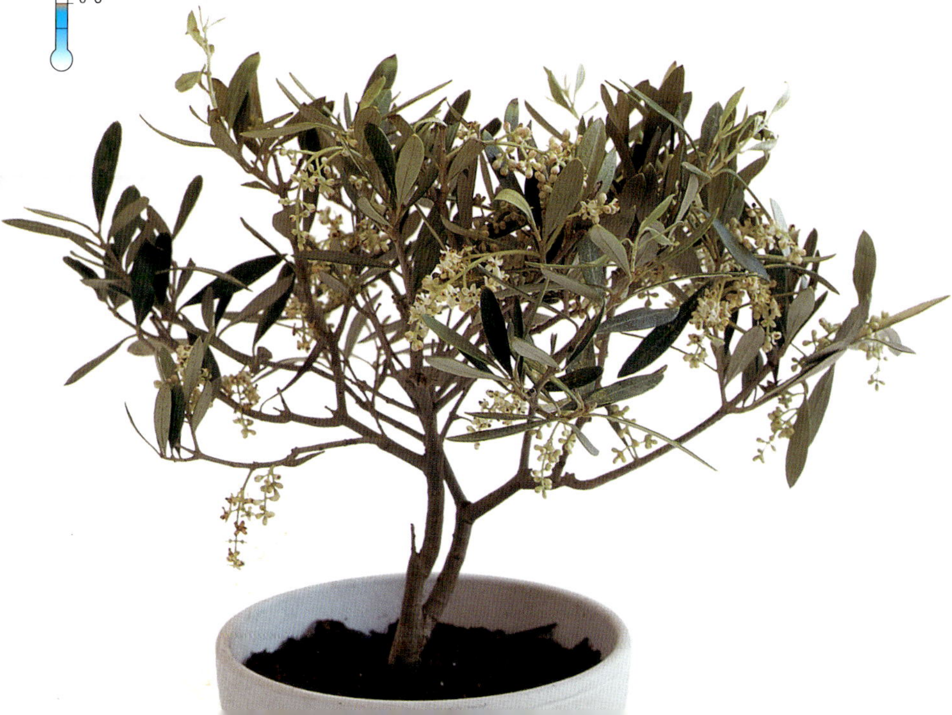

Oncidium
온시디움 ※ Dancing Ladies

과명_ 난초과 *Orchidaceae*

용도 | 실내, 온실, 일광욕실에서 기르는 꽃 피는 난이다.
식물형태 | 부풀어서 구근처럼 생긴 줄기인 위구경에는 잎이 한두 개 있고, 작은 꽃이 잔가지에 무리지어 피는 착생형 난이다. 꽃은 밝은 노란색이며 꽃잎 기부에 빨간색이나 갈색 반점이 있다.
빛과 장소 | 간접광에서 잘 자라고 직사광은 피한다.
온도 | 꽃이 피는 동안에는 따뜻한 곳, 나머지 기간에는 서늘한 곳에 두며, 10도까지는 견딘다.
물 주기 | 토양에 연수를 규칙적으로 주고, 토양이 마르면 물을 다시 준다. 구근이나 뿌리에 물에 고이면 곰팡이병이 발생한다. 습도를 높이기 위해 자주 분무해준다.
비료 | 봄부터 가을까지 난 전용 비료를 준다. 나머지 기간에는 주지 않는다.
특별관리 | 꽃이 지면 휴면기에 들어가고, 휴면기 후에 꽃이 다시 핀다. 빛이 드는 서늘한 곳(10-15도)에 두고 새로운 꽃봉오리가 생길 때까지 물을 적게 준다. 이른 봄에 위구경이 공간을 더 필요하게 되면 분갈이를 하고 이때 난 전용 배양토를 사용한다.
해충과 질병 | 깍지벌레, 거미응애, 곰팡이병
품종 | 많은 품종들이 있는데 꽃의 색깔은 대개 노란색이나 자주색이다. 오니토린쿰 (*O. ornithorynchum*)은 향기 좋은 연홍색, 분홍색 꽃이 핀다.
번식 | 봄에 구근을 분리하고 화분에 심는다.

식물 분류	빛	외풍 내성	물 주기	비료	꽃 피는 계절	최저기온
		✗	 봄 / 여름 / 가을 / 겨울		 	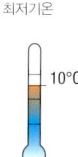 10°C

Ornithogalum thyrsoides
오니소갈럼 ＊ Chincherinchee

과명 _ 히야신스과 *Hyacinthaceae*

용도 | 실내, 온실, 일광욕실, 여름에는 실외에서 기르는 꽃 피는 구근식물이다.
원산지 | 남아프리카
식물형태 | 가을에 꽃이 피는 구근식물로, 창모양의 다육질 잎이 난다. 수명이 긴 흰 꽃들은 심부가 어둡고, 집단으로 총상화서를 이룬다.
빛과 장소 | 직사광에서 잘 자라며 간접광도 견딘다.
온도 | 따뜻한 곳에서 잘 자라고 0도까지는 견딘다. 겨울에는 서늘한 곳에 둔다.
물 주기 | 물이 과다할 경우 죽는다. 물을 규칙적으로 주고, 토양이 마르면 물을 다시 준다.
비료 | 주지 않는다.

특별관리 | 꽃이 진 후에는 버리거나 정원에 옮겨 심는다. 구근을 키울 수는 있지만 꽃을 피우기는 힘들다.
해충과 질병 | 곰팡이병
품종 | 롱기브락테아툼 (*O. longibracteatum*)은 화려한 연녹색의 큰 구근이 토양 위에서 자란다. 두비움 (*O. dubium*)은 밝은 주황색 꽃이 핀다.
번식 | 가을에 분지를 나누어 번식한다.

식물 분류

빛

외풍 내성

물 주기

비료

꽃 피는 계절

최저기온
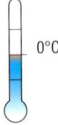

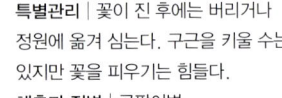

식물 분류	
빛	☀
외풍 내성	✕
물 주기	✕
	봄 여름 가을 겨울
비료	
꽃 피는 계절	
최저기온	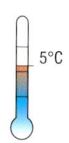 5°C

Oxalis triangularis
사랑초 ✽ 옥살리스 Shamrock

과명 _ 괭이밥과 *Oxalidaceae*

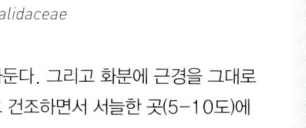

용도 | 실내, 온실, 일광욕실, 여름에는 실외에서 기르는 초본성 관엽식물이다.
원산지 | 브라질
식물형태 | 다년생의 작은 식물로 잎자루가 긴 잎들은 각각 세 갈래로 갈라지고, 녹색이나 자주색의 잎이 난다. 꽃은 흰색이나 연홍색이다.
빛과 장소 | 간접광에서 잘 자라며 직사광은 피한다.
온도 | 따뜻한 곳에서 잘 자라고 5도까지 견딘다. 겨울에는 서늘한 곳에 둔다.
물 주기 | 물을 규칙적으로 주고, 토양이 마르면 물을 다시 준다. 건조해도 잘 견디며 휴면기간에는 건조하게 유지한다.
비료 | 봄부터 가을까지 관엽식물용 복합비료를 한 달에 한 번씩 준다. 겨울에는 주지 않는다.
특별관리 | 겨울은 휴면기이다. 가을에 물 주는 것을 멈추고 식물이 시들게 놓아둔다. 그리고 화분에 근경을 그대로 두고 건조하면서 서늘한 곳(5-10도)에 둔다. 봄에 근경들을 분갈이하고 따뜻한 곳으로 옮겨 물을 준다.
해충과 질병 | 진딧물, 온실가루이, 잿빛곰팡이병
품종 | 아데노필라 (*O. adenophylla*)의 꽃은 엷은 자색이나 분홍색이고, 잎은 소엽 여러 개로 이루어져 있다. 아티쿨라타 (*O. articulata*)는 연홍색 꽃이 무리를 이루고, 연녹색 잎은 세 갈래로 갈라진다. 데페이(*O. deppeii*)의 꽃은 연홍색이나 빨간색이며 큰 잎은 네 조각으로 이루어져 있고, 갈색이나 자줏빛 무늬가 있다.
번식 | 이른 봄에 근경을 분리해서 키운다.

Pachira aquatica
파키라 ※ Guiana Chestnut

과명 _ 물밤나무과 *Bombacaceae*

용도 | 실내, 온실, 여름에는 일광욕실에서 기르는 나무로 조형미가 있다.
원산지 | 멕시코 남부, 중미, 남미 열대지역
식물형태 | 생명력이 강한 나무로 목본성의 줄기는 아래로 갈수록 굵어지고, 큰 잎자루에는 타원형 잎이 달린다. 잎의 뒷면에 당으로 이루어진 작은 결정체들이 생기는데, 해롭지 않으므로 그냥 두면 된다.
빛과 장소 | 직사광에서 잘 자라며 간접광도 견딘다.
온도 | 따뜻한 곳을 선호하고, 15도까지 견딘다.
물 주기 | 물을 규칙적으로 주고, 토양이 마르면 물을 다시 준다. 건조해도 잘 견딘다.
비료 | 봄부터 가을까지 관엽식물용 복합비료를 2주에 한 번씩 준다. 겨울에는 주지 않는다.
특별관리 | 매년 이른 봄에 분갈이와 가지치기, 모양 다듬기를 한다.
해충과 질병 | 진딧물, 깍지벌레
품종 | 없음
번식 | 봄에 씨를 뿌린다.

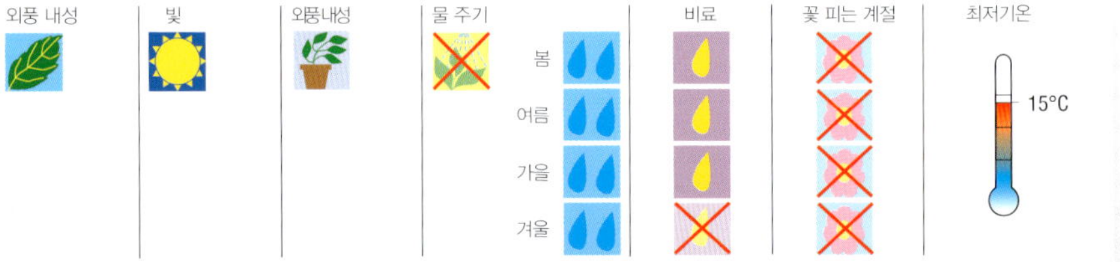

외풍 내성	빛	외풍내성	물 주기	비료	꽃 피는 계절	최저기온
						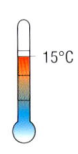 15°C

Paphiopedilum
파피오페딜룸 ※ Slipper Orchid

과명 _ 난초과 *Orchidaceae*

용도 | 실내, 온실, 일광욕실에 적합한 꽃 피는 난이다.
식물형태 | 지생형 난으로 잎이 기부에서 나오고, 광택이 있는 꽃은 갈색, 녹색, 노란색, 주황색, 자주색 등 화려한 색이며 수명이 길다.
빛과 장소 | 간접광에서 잘 자라며 직사광은 피한다.
온도 | 따뜻한 곳을 선호하고, 15도까지 견딘다.

물 주기 | 봄부터 가을까지 토양에 연수를 규칙적으로 주고, 토양이 마르지 않도록 한다. 겨울에는 물을 적게 준다.
비료 | 봄부터 가을까지 난 전용 비료를 한 달에 한 번씩 준다. 겨울철에는 주지 않는다.
특별관리 | 이 식물은 휴면기가 없다. 매년 봄에 분갈이를 하고, 난 전용 비료를 사용한다.
해충과 질병 | 깍지벌레, 거미응애, 곰팡이병
품종 | 꽃의 형태와 색에 따라 다양한 종과 품종이 있다.
번식 | 분갈이할 때 작은 식물체를 분리해서 심는다.

식물 분류

빛

외풍 내성

물 주기

비료

꽃 피는 계절

최저기온

15°C

Passiflora caerulea
시계초 ※ Blue Passion Flower

과명_시계초과 *Passifloraceae*

용도 | 실내, 온실, 일광욕실, 실외에 적합한 꽃 피는 덩굴식물이다. 시렁이나 틀에 두고 기르면 좋다.
원산지 | 브라질 남부, 파라과이, 아르헨티나
식물형태 | 잘 자라는 덩굴식물로 줄기는 10m까지 자란다. 독특한 꽃이 홀로 피고, 꽃잎과 꽃받침은 흰색, 왕관 모양 꽃술은 파란색, 흰색, 자주색이며 네 단으로 이루어져 있다.
빛과 장소 | 직사광에서 잘 자라며 간접광에서도 견딘다.
온도 | 시원하면서 햇빛이 드는 장소에 둔다. 약한 추위는 견딘다.
물 주기 | 봄부터 가을까지 토양에 물을 규칙적으로 주고, 토양이 마르지 않도록 한다. 물을 너무 많이 주면 식물이 죽으므로 휴면기인 겨울에는 물을 적게 준다.
비료 | 봄부터 가을까지 관엽식물용 복합비료를 2주에 한 번씩 준다. 겨울에는 주지 않는다.
특별관리 | 지지대가 필요한 식물이므로 시렁이나 틀에 올려 기른다. 밤에는 온도가 18도까지 내려가야 꽃의 형성이 촉진된다. 가을에 긴 가지들을 잘라주고, 겨울철 휴면기에는 빛이 드는 서늘한 곳(5-10도)에 둔다.
해충과 질병 | 진딧물, 거미응애
품종 | 많은 종과 품종이 재배된다. 시트리나(*P. citrina*)는 중간 크기의 노란색 꽃이 핀다. 비티폴리아(*P. vitifolia*)는 덩굴성 잎에 진홍색 꽃이 핀다.
번식 | 봄부터 여름까지 반쯤 굳은 가지나 새로 나온 가지를 잘라 꽂는다.

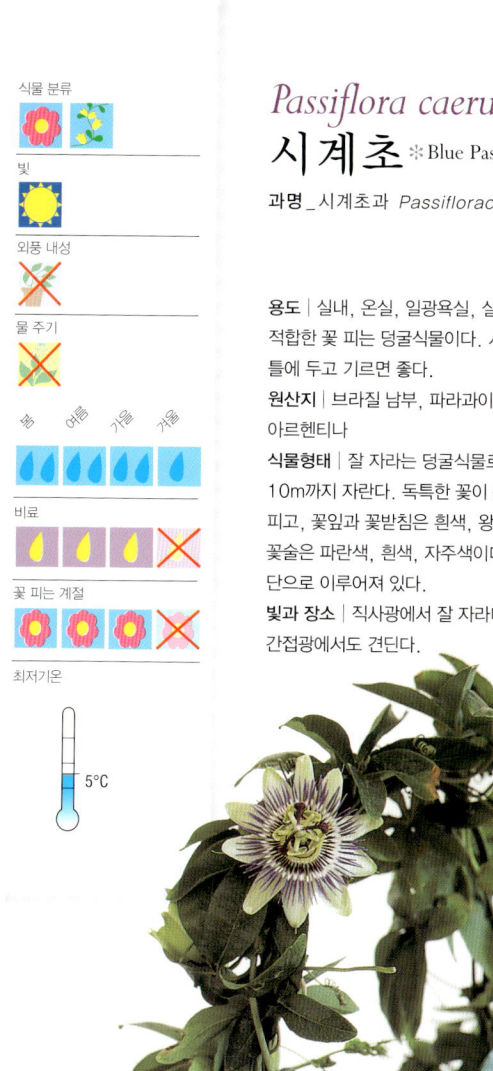

Pelargonium x *domesticum*
리갈제라늄 ✽ Regal Pelargonium, Regal Geranium

과명 _ 쥐손이풀과 *Geraniaceae*

용도 │ 실내, 온실, 일광욕실, 봄부터 가을까지는 실외에서 기르는 꽃 피는 관목이다.
식물형태 │ 아담한 관목으로 직립성 줄기에 털이 나 있으며, 크고 털 달린 잎들은 가장자리가 톱니 모양이다. 꽃은 크고 흰색, 분홍색, 빨간색, 자주색 등 다양하다.
빛과 장소 │ 간접광에서 잘 자라고 직사광에서도 견딘다.
온도 │ 따뜻한 곳 또는 서늘한 곳에서 기를 수 있으나 서늘한 곳이 더 좋다. 0도까지 견딘다.
물 주기 │ 생장기 동안 물을 규칙적으로 주고, 토양이 마르면 다시 물을 준다. 나머지 기간에는 서늘한 곳에서 물을 적게 준다.
비료 │ 봄부터 가을까지 관엽식물용 복합비료를 2주에 한 번씩 준다. 겨울에는 주지 않는다.
특별관리 │ 가을에 가지를 잘라주면 식물이 소복하게 자란다. 온도가 낮아야 꽃봉오리가 형성되므로 겨울에 적어도 8주 가량 서늘한 곳(5-10도)에 둔다. 이른 봄에 분갈이를 하고 따뜻한 곳에 둔다.
해충과 질병 │ 진딧물, 흰가루병, 거미응애, 온실가루이, 잿빛곰팡이병
품종 │ 엔젤(Angel)품종은 꽃이 작고 잎은 향기가 좋다.
번식 │ 봄부터 가을까지 새로 나온 가지를, 여름에서 가을까지는 반쯤 굳은 가지를 잘라 꽂는다.

식물 분류	빛	외풍 내성	물 주기		비료	꽃 피는 계절	최저기온
							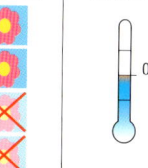

Pelargonium x hortorum
제라늄 ＊Bedding Geranium

과명 _ 쥐손이풀과 *Geraniaceae*

용도 | 실내, 온실, 일광욕실, 봄부터 가을까지는 실외에서 기르는 꽃 피는 관목이다.

식물형태 | 가지가 뻗어나가는 관목으로 잎은 부드럽고, 털이 있으며 향기가 나고, 자주색 둥근 무늬가 있다. 꽃은 산형화서로 무리를 이루어 피고, 흰색, 분홍색, 빨간색, 자주색 등의 색을 띤다.

빛과 장소 | 직사광에서 잘 자라며 간접광에서도 견딘다.

온도 | 따뜻한 곳이나 서늘한 곳에서 기를 수 있으나 서늘한 곳이 더 좋다. 0도까지 견딘다.

물 주기 | 생장기에는 물을 규칙적으로 주고, 토양이 말랐을 때 다시 준다. 나머지 기간에는 서늘한 곳에서 물을 적게 준다.

비료 | 봄부터 가을까지 관엽식물용 복합비료를 2주에 한 번씩 준다. 겨울에는 주지 않는다.

특별관리 | 가을에 가지를 잘라주어 식물이 무성하게 자랄 수 있게 도와준다. 겨울에 서늘한 곳(5-10도)에 둔다. 이른 봄에 분갈이를 하고 따뜻한 곳에 둔다.

해충과 질병 | 진딧물, 거미응애, 흰가루병, 온실가루이, 잿빛곰팡이병

품종 | 꽃의 색에 따라 많은 품종이 있다.

번식 | 봄-가을에 새로 나온 가지를 잘라 꽂고 여름-가을에는 반쯤 굳은 가지를 잘라 꽂는다.

식물 분류

빛

외풍 내성

물 주기

비료

꽃 피는 계절

최저기온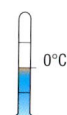
0°C

Pellaea rotundifolia
펠라에아 로툰디폴리아

✻ Button Fern

과명_공작고사리과 *Adiantaceae*

용도 | 실내, 온실, 여름에는 일광욕실에서 기르는 관상용 고사리식물이다. 땅을 덮는 용도로 이상적이다.
원산지 | 뉴질랜드, 노퍽 섬
식물형태 | 아담한 고사리 식물로, 기는 줄기에 털이 달린 가지가 나온다. 늘어진 잎은 우상복엽이면서 둥글거나 타원형이고, 윤기가 나며 진녹색이다.
빛과 장소 | 간접광 또는 그늘에서 잘 자라며 직사광은 피한다.
온도 | 따뜻한 곳과 서늘한 곳 모두 재배 가능하나, 서늘한 곳을 선호한다. 10도까지 견딘다.
물 주기 | 생장기 동안 토양을 축축하게 유지하는데 물을 너무 많이 주지 않도록 주의한다. 높은 습도를 유지하기 위해 자주 분무해준다.
비료 | 봄부터 가을까지 관엽식물용 복합비료를 한 달에 한 번씩 준다. 겨울에는 주지 않는다.
특별관리 | 습도가 높은 것이 좋다. 겨울철 휴면기에는 건조하면서 서늘한 곳(15도)에 둔다. 2년마다 이른 봄에 분갈이를 한다.
해충과 질병 | 진딧물, 깍지벌레, 거미응애, 잿빛곰팡이병
품종 | 팔카타(*P. falcata*)의 잎은 우상복엽 형태이며 길고 낫 모양이다.
번식 | 포자로 번식한다.

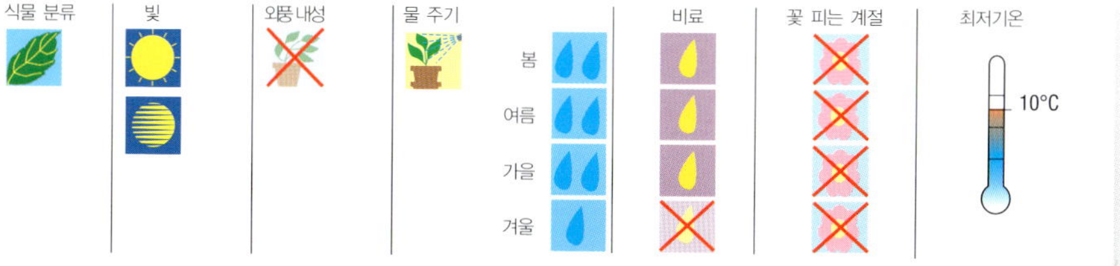

식물 분류	빛	외풍 내성	물 주기		비료	꽃 피는 계절	최저기온
				봄 여름 가을 겨울 			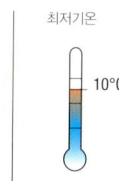 10°C

Peperomia argyreia
수박 페페로미아 ✳ Watermelon Pepper

과명 _ 후추과 *Piperaceae*

용도 | 실내, 온실, 여름에는 일광욕실에서 기르는 관상용 관엽식물이다.
원산지 | 남미 열대지역
식물형태 | 아담한 다년생 초본식물로 잎을 관상하는 용도로 재배된다. 줄기는 직립이면서 짧고, 잎은 다육질이면서 광택이 나는 은녹색이며 엽맥을 따라 선명한 진녹색 무늬가 있어서 수박처럼 보인다.
빛과 장소 | 그늘지거나 햇빛이 드는 장소에서 자라며 직사광을 피한다.
온도 | 따뜻한 곳과 서늘한 곳에서 기를 수 있으며, 15도까지 견딘다.
물 주기 | 물을 규칙적으로 주고, 토양이 마르면 물을 다시 준다. 물을 많이 주면 뿌리가 썩어 죽는다. 높은 습도를 유지하기 위해 자주 분무해준다.
비료 | 봄부터 가을까지 관엽식물용 복합비료를 한 달에 한 번씩 준다. 겨울에는 주지 않는다.
특별관리 | 키우기 쉬운 식물이다. 습도가 높아야 하고 매년 이른 봄에 분갈이를 해준다. 무성한 생장을 촉진하기 위해서 가지를 자른다.
해충과 질병 | 진딧물, 거미응애, 깍지벌레, 온실가루이, 잿빛곰팡이병
품종 | 많은 종과 품종들이 있다. 아리폴리아(*P. arifolia*)의 잎은 광택이 나고 풀색이며 끝이 날카롭다.
번식 | 어느 계절이든 새로 나온 가지의 줄기 끝이나 잎을 잘라 꽂아서 번식한다. 뿌리를 내리게 하려면 번식상에서 21도로 키운다.

식물 분류

빛

외풍 내성

물 주기

봄 여름 가을 겨울

비료

꽃 피는 계절

최저기온 15°C

Peperomia caperata
페페로미아 카페라타 ✻ Emerald Ripple

과명 _ 후추과 *Piperaceae*

용도 | 실내, 온실, 여름에는 일광욕실에서 기르는 관상용 관엽식물이다.
원산지 | 브라질
식물형태 | 생명력이 강하고 아담한 다년생 초본식물이다. 줄기는 없고 누비이불처럼 생긴 잎은 다육질이며 둥글거나 타원형으로 무리를 이루어 나고 잎자루는 붉은색이다. 크림색이나 흰색 작은 꽃이 수상화서 형태로 핀다.
빛과 장소 | 그늘이나 간접광에서 잘 자라며 직사광은 피한다.
온도 | 따뜻한 곳과 서늘한 곳에서 기를 수 있으며, 15도까지 견딘다.
물 주기 | 물을 규칙적으로 주고, 토양이 말랐을 때 다시 준다. 물을 많이 주면 뿌리가 썩는다. 높은 습도를 유지하기 위해 자주 분무한다.
비료 | 봄부터 가을까지 관엽식물용 복합비료를 한 달에 한 번씩 준다. 겨울에는 주지 않는다. 비료를 너무 많이 주면 잎의 색이 옅어진다.
특별관리 | 키우기 쉬운 식물이지만 높은 습도를 유지해야 한다. 매년 이른 봄에 분갈이를 해주고 무성한 생장을 위해 가지를 잘라준다.
해충과 질병 | 진딧물, 거미응애, 깍지벌레, 온실가루이, 잿빛곰팡이병
품종 | 잎이 색과 크기에 따라 다양한 품종이 있다. 릴리아나(Liliana) 같이 진녹색이거나, 아니면 진한 빨간색, 크림색, 분홍색, 잎 가장자리가 흰색인 품종도 있다.
번식 | 어느 계절이든 새로 나온 가지의 줄기 끝이나 잎을 잘라 꽂는다. 뿌리를 내리기 위해서는 번식상에서 21도로 키운다.

Pericallis
페리칼리스 ※ 시네라리아 Cineraria, Florist's Cineraria

과명 _ 국화과 *Asteraceae*

용도 | 실내, 온실, 일광욕실에서 기르는 꽃 피는 관상용 식물이다.
식물형태 | 아담한 초본성식물로, 풀색 잎의 뒷면은 옅은 파란색이고 자주색 데이지처럼 생긴 큰 꽃이 조밀하게 무리를 이루어 핀다. 꽃은 흰색, 주황색, 분홍색, 자주색, 파란색 등이며, 중앙의 화반 색은 꽃잎 색과 대조된다.
빛과 장소 | 직사광이나 간접광이 좋다.
온도 | 따뜻한 곳과 서늘한 곳에서 모두 기를 수 있으며, 10도까지 견딘다. 꽃은 서늘한 곳(10-15도)에서 오래 간다.
물 주기 | 뿌리가 건조해질 경우 쇠약해지기 때문에 토양을 축축하게 유지한다. 화분을 물에 10분 동안 담가 밑에서부터 물을 준다.
비료 | 주지 않는다.
특별관리 | 꽃이 진 후 식물을 버린다. 꽃이 한번만 피기 때문에 분갈이 할 필요가 없다.
해충과 질병 | 진딧물, 흰가루병, 잿빛곰팡이병
품종 | 꽃 색에 따라 다양한 품종이 있다.
번식 | 봄에 씨를 뿌린다.

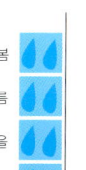

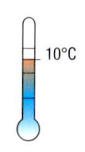

Phalaenopsis
호접란 ※ 팔레놉시스 Moth Orchid

과명 _ 난초과 *Orchidaceae*

용도 | 실내, 온실, 일광욕실에서 기르는 꽃 피는 난이다.
식물형태 | 착생형 난으로 기부에 가죽 질감의 잎이 나고, 길게 늘어진 화서 형태로 피는 꽃은 흰색, 노란색, 초록색, 분홍색, 자주색이다.
빛과 장소 | 간접광에서 잘 자라며 직사광은 피한다.
온도 | 따뜻한 곳을 선호하지만, 15도까지 견딘다.
물 주기 | 연수를 규칙적으로 주고, 토양이 말랐을 때 물을 다시 준다. 곰팡이병을 방지하기 위해 구근이나 뿌리에 물이 고이지 않게 한다. 잎에 자주 분무해준다.
비료 | 봄부터 가을까지 난 전용 비료를 한 달에 한 번씩 준다. 겨울에는 주지 않는다.
특별관리 | 이 난은 꽃이 오래 간다. 꽃이 시들면 두 번째 화서 가까이 잘라줘서 새로운 화서들이 자랄 수 있게 한다. 화분이 뿌리로 가득 차면 꽃이 진 후 분갈이 해주고, 난 전용 배양토를 사용한다.
해충과 질병 | 깍지벌레, 거미응애, 곰팡이병
품종 | 크기와 색깔에 따라 다양한 많은 품종들이 있다. 프티아브니르(Petit Avenir)의 꽃은 작고 자주색 또는 흰색이다.
번식 | 어느 계절이든 뿌리가 난 작은 식물체들을 화분에 심는다.

식물 분류	빛	외풍 내성	물 주기		비료	꽃 피는 계절	최저기온
				봄 여름 가을 겨울			 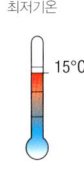 15°C

Philodendron erubescens
필로덴드론 에루베스켄스
❋ 붉은잎 필로덴드론 Blushing Philodendron

과명 _ 천남성과 *Araceae*

용도 | 실내, 온실, 여름에는 광욕실에서 기르는 관상용 관엽식물이다.
원산지 | 콜롬비아
식물형태 | 아담하고 직립으로 자라는 덩굴식물로 큰 잎은 화살모양이고 광택이 나며 초록색 또는 홍녹색을 띤다.
빛과 장소 | 그늘이나 간접광이 좋고 직사광은 피한다.
온도 | 따뜻한 곳이나 서늘한 곳에서 기를 수 있으며, 15도까지 견딘다.
물 주기 | 토양을 축축하게 유지한다. 약간 건조한 것은 견딘다. 높은 습도를 유지하기 위해 자주 분무해준다.
비료 | 봄부터 가을까지 관엽식물용 복합비료를 2주에 한 번씩 준다. 겨울에는 주지 않는다.

특별관리 | 기둥 같은 지지대를 대어 준다. 습도가 높아야 잘 자라고 활발한 생장을 유도하기 위해 계절에 관계없이 전정을 한다. 3년마다 이른 봄에 분갈이를 한다.
해충과 질병 | 진딧물, 거미응애, 잿빛곰팡이병
품종 | 임페리얼 레드(Imperial Red)의 잎은 진녹색이고 크다. 레드 에메랄드(Red Emerald)의 잎은 진녹색이고 작다.
번식 | 어느 계절이든 새로 나온 가지의 줄기나 줄기 끝 또는 반쯤 굳은 가지를 잘라 꽂는다. 번식상에서 키우고, 온도를 21-25도로 유지한다.

Philodendron scandens
필로덴드론 스칸덴스

※ 하트 필로덴드론
Heartleaf Philodendron

과명 _ 천남성과 *Araceae*

용도 | 실내, 온실, 여름에는 일광욕실에서 기르는 덩굴식물이며 생명력이 강하다. 걸이용 화분에 심거나 지지대를 설치해주면 좋다.
원산지 | 멕시코 동부, 파나마
식물형태 | 기는 덩굴식물로 줄기에서 뿌리가 나고, 잎은 진녹색에 하트 모양이다.
빛과 장소 | 그늘이나 간접광에서 잘 자라며 직사광은 피한다.
온도 | 따뜻한 곳과 서늘한 곳에서 기를 수 있으며, 15도까지 견딘다.
물 주기 | 토양을 축축하게 유지한다. 약간 건조한 것은 견딘다. 높은 습도를 유지하기 위해 자주 분무해준다.
비료 | 봄부터 가을까지 관엽식물용 복합비료를 2주에 한 번씩 준다. 겨울에는 주지 않는다.
특별관리 | 이 식물은 지지대가 필요하며 습도는 높아야 한다. 빽빽하게 자라도록 하기 위해 계절에 상관없이 가지를 잘라준다. 3년마다 이른 봄에 분갈이를 해준다.
해충과 질병 | 진딧물, 거미응애, 잿빛곰팡이병
품종 | 없음
번식 | 계절에 상관 없이 새로 나온 가지나 줄기 끝 또는 반쯤 굳은 가지를 잘라 꽂는다. 번식상에서 키우고, 온도를 21–25도로 유지한다.

식물 분류	빛	외풍 내성	물 주기		비료	꽃 피는 계절	최저기온
			 봄 여름 가을 겨울				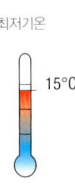 15°C

Platycerium bifurcatum
박쥐란 ✽ Staghorn Fern

과명 | 고사리과 *Polypodiaceae*

용도 | 실내, 온실, 여름에는 일광욕실에서 기르는 고사리 식물로 조형미가 있다.

원산지 | 뉴기니아, 호주

식물형태 | 생명력이 강한 착생의 고사리식물로 두 종류의 잎이 있다. 상부의 잎은 번식력이 있고 회녹색, 수사슴 뿔같이 생겼고, 뒷면에 별 모양인 흡수성의 털이 있다. 하부의 잎은 방패 모양이고 처음엔 초록색이나 자라면서 갈색의 양피지처럼 변한다.

빛과 장소 | 그늘진 곳에서 기르며 직사광은 피한다.

온도 | 따뜻한 곳과 서늘한 곳에서 기를 수 있으며, 7도까지 견딘다. 겨울에는 서늘한 곳을 선호한다.

물 주기 | 생장기 동안 물을 규칙적으로 주고, 토양이 마르면 물을 다시 준다. 나머지 기간에는 물을 적게 준다. 물을 너무 많이 주면 썩어서 죽는다.

비료 | 봄부터 가을까지 관엽식물용 복합비료를 한 달에 한 번씩 준다. 겨울에는 주지 않는다.

특별관리 | 아래쪽에 있는 잎에 부식토가 모이는데, 여기서 수분과 양분을 흡수한다. 나이가 든 박쥐란은 나무껍질에서 자라기도 한다. 근분을 흡수성이 있는 물이끼로 감싼 후 나무껍질에 매단다. 겨울에는 서늘한 곳(10-15도)에 두도록 한다. 2년마다 이른 봄에 분갈이를 해준다.

해충과 질병 | 깍지벌레, 곰팡이병

품종 | 수페르붐(*P. superbum*)은 크기가 크고 하부의 잎이 직립으로 자라며 열편이 있다.

번식 | 포자로 번식하거나 작은 식물체를 분에 옮겨 심는다. 3년 이상 지나야 포자를 생산한다.

식물 분류

빛

외풍 내성

물 주기

봄 여름 가을 겨울

비료

꽃 피는 계절

최저기온

7°C

Polyscias filicifolia
고사리 아랄리아
※ 폴리시아스 Fernleaf Aralia

과명_두릅나무과 *Araliaceae*

용도 | 실내, 온실, 여름에는 일광욕실에서 기르는 관목이며 조형미가 있다.
원산지 | 태평양 군도
식물형태 | 고사리처럼 생긴 가죽 질감의 잎은 톱니 모양이며, 나무줄기가 있는 관목이다.
빛과 장소 | 직사광을 비롯해서 적응할 수 있는 빛의 범위가 넓다.
온도 | 따뜻한 곳에서 잘 자라지만 12도까지 견딘다.
물 주기 | 생장기 동안 물을 규칙적으로 주고, 토양이 말랐을 때 물을 다시 준다. 나머지 기간에는 물을 적게 준다. 물이 과다할 경우 썩어서 죽는다.
비료 | 봄부터 가을까지 관엽식물용 복합비료를 한 달에 한 번씩 준다. 겨울에는 주지 않는다.
특별관리 | 이른 봄에 가지를 잘라준다. 2년 또는 3년마다 이른 봄에 분갈이를 해준다.
해충과 질병 | 진딧물, 쥐똥벌레나무, 깍지벌레, 온실가루이, 잿빛곰팡이병
품종 | 둥근잎 아랄리아(*P. scutellaria*)는 209쪽을 참고하고, 길포일레이 (*P. guilfoylei*)의 잎은 회녹색이고 이회우상복엽이다.
번식 | 봄에 가지를 잘라 꽂는다. 번식상에서 키우고, 온도를 20-25도로 유지한다.

Polyscias scutellaria
둥근잎 아랄리아
※ Dinner Plate Aralia

과명 _ 두릅나무과 *Araliaceae*

용도 | 실내, 온실, 여름에는 일광욕실에서 기르는 관목으로 잎이 조형미가 있다.
원산지 | 뉴칼레도니아
식물형태 | 주간이 있는 우거진 관목으로 잎은 가죽 질감의 하트 모양이고 붉은 녹색 혹은 진녹색 바탕에 흰색 무늬가 있다.
빛과 장소 | 직사광을 비롯해서 적응할 수 있는 빛의 범위가 넓다.
온도 | 따뜻한 곳을 선호하지만, 12도까지 견딘다.
물 주기 | 생장기에는 물을 규칙적으로 주고, 토양이 말랐을 때 물을 다시 준다. 나머지 기간에는 물을 적게 준다. 물이 과다할 경우 썩어서 죽는다.
비료 | 봄부터 가을까지 관엽식물용 복합비료를 한 달에 한 번씩 준다. 겨울에는 주지 않는다.
특별관리 | 이른 봄에 주간과 가지를 잘라준다. 2-3년마다 이른 봄에 분갈이를 한다.
해충과 질병 | 진딧물, 쥐똥벌레나무, 깍지벌레, 온실가루이, 잿빛곰팡이병
품종 | 고사리 아랄리아(*P. filicifolia*)는 208쪽을 참고하라.
번식 | 봄에 가지를 잘라 꽂는다. 번식상에서 키우고, 온도를 20-25도로 유지한다.

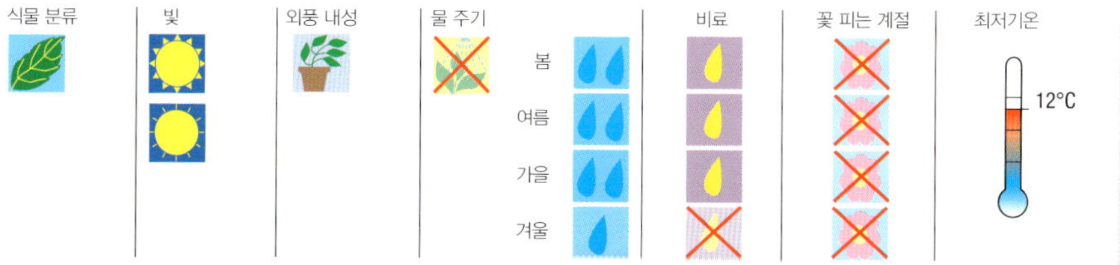

식물 분류	빛	외풍 내성	물 주기		비료	꽃 피는 계절	최저기온
			 봄/여름/가을/겨울			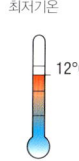	12°C

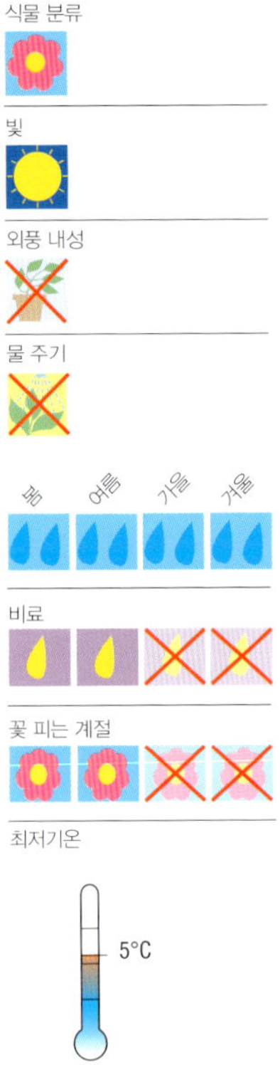

Primula obconica
프리뮬라 오브코니카 ※ German Primrose, Poison Primrose

과명 _ 앵초과 *Primulaceae*

용도 | 실내, 온실, 일광욕실, 실외에서 기르는 꽃 감상용 식물이다.
원산지 | 중국
식물형태 | 다년생 초본식물로 넓은 하트모양에 털이 달린 큰 잎이 나고, 큰 꽃은 흰색, 분홍색, 연홍색, 주황색, 자주색 등의 파스텔톤으로 화려한 우산모양을 이룬다.
빛과 장소 | 간접광에서 잘 자라며 직사광은 피한다.
온도 | 따뜻한 곳과 서늘한 곳에서 기를 수 있고, 5도까지 견딘다. 꽃은 서늘한 곳에 두면 오래 간다.
물 주기 | 물을 규칙적으로 주고, 토양이 마르면 물을 준다.
비료 | 꽃이 피는 동안에 관엽식물용 복합비료를 한 달에 한 번씩 준다.
특별관리 | 털이 난 분비기관에서 나오는 프리민이라는 물질에 알러지 반응이 있는 사람들도 있다. 이 경우 식물을 버리고 의사에게 치료를 받도록 한다. 가을에 꽃이 진 후 줄기들의 가지를 잘라주고 서늘한 곳(5-10도)에 둔다. 이른 봄에 분갈이를 해주면 다시 꽃이 핀다.
해충과 질병 | 진딧물, 거미응애, 잿빛곰팡이병
품종 | 불가리스(*P. vulgaris*)는 기부에서 주름진 타원형 잎이 나고, 꽃은 홀로 피며 색이 다양하다.
말라코이데스(*P. malacoides*)의 잎은 잎자루가 길고 뒷면에 흰색 털이 있으며 로제트를 형성한다. 꽃은 분홍색, 빨간색, 흰색 등이 우산모양을 이룬다.
번식 | 봄에 씨를 뿌린다.

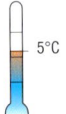

Rhapsis excelsa
관음죽 ❋ Bamboo Palm

과명 _ 야자과 *Arecaceae*

용도 | 실내, 온실, 일광욕실, 봄부터 가을까지는 실외에서 기르는 관상용 야자식물이다.
원산지 | 중국의 남부
식물형태 | 작은 야자식물로, 가늘고 대나무 같은 줄기는 성긴 섬유들로 조밀하게 엉켜 있다. 광택 나는 가죽 질감의 초록색 잎이 10개 이상의 넓은 조각들로 나눠져 있다.
빛과 장소 | 빛이 잘 드는 곳에서 기르되 여름의 강한 직사광은 피한다.
온도 | 따뜻한 곳과 서늘한 곳에서 기를 수 있고, 5도까지 견딘다.
물 주기 | 물을 규칙적으로 주고, 토양이 말랐을 때 물을 준다. 물이 과다할 경우 식물이 썩어서 죽는다.
비료 | 봄부터 가을까지 관엽식물용 복합비료를 2주에 한 번씩 준다. 겨울에는 주지 않는다.
특별관리 | 잎의 황화를 방지하기 위해 직사광은 피한다. 2년마다 이른 봄에 분갈이를 해준다.
해충과 질병 | 쥐똥나무벌레, 깍지벌레, 거미응애, 온실가루이
품종 | 종려죽(*R. humilis*)은 가는 줄기에 손바닥 모양 잎들이 스무 개 이상으로 나뉘어져 있다.
번식 | 이른 봄에 종자를 뿌리거나 분지를 분리해서 번식시킨다.

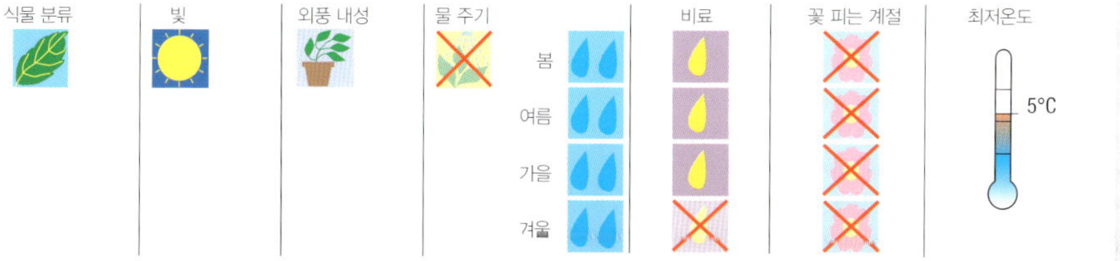

식물 분류	빛	외풍 내성	물 주기	비료	꽃 피는 계절	최저온도
						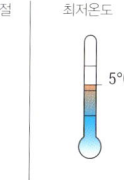

Rhododendron simsii
아잘레아 ✽ Indian Azalea

과명 _ 진달래과 *Ericaceae*

용도 | 실내, 온실, 일광욕실, 여름에는 실외에서 기르는 꽃 피는 관목이다.
원산지 | 중국, 타이완
식물형태 | 소복한 관목으로 가죽 질감의 타원형 잎이 식물을 완전히 덮고, 꽃은 화려하게 무리를 이루어 핀다. 반겹 또는 겹을 이루는 큰 꽃은 흰색, 분홍색, 빨간색, 심홍색, 자주색 등이다.
빛과 장소 | 그늘이나 간접광에서 잘 자라고 직사광은 피한다.
온도 | 따뜻한 곳과 서늘한 곳에서 기를 수 있으며, 5도까지 견딘다. 가을에는 서늘한 곳을 선호한다.
물 주기 | 연수를 규칙적으로 주고, 토양이 말랐을 때 물을 준다. 서늘한 곳에서는 물을 적게 준다.
비료 | 꽃이 피기 시작할 때부터 가을까지 산성 비료를 한 달에 한 번씩 준다. 나머지 기간에는 주지 않는다.
특별관리 | 꽃을 오래 보기 위해서는 꽃봉오리가 많고 꽃이 몇 송이 핀 식물을 사도록 한다. 꽃이 진 후 배수가 잘 되는 산성의 토양으로 분갈이를 하는데 꽃을 다시 피우기는 쉽지 않다. 따뜻한 곳(18도)에 두면 5-6월에 꽃의 형성이 촉진된다. 6-8월에 정원의 그늘진 장소에 심는다. 9월에 빛이 있는 서늘한 곳(5-10도)에 둔다. 한두 달 따뜻한 곳에 두면 꽃이 피기 시작한다.
해충과 질병 | 진딧물, 깍지벌레, 거미응애, 온실가루이, 잿빛곰팡이병
품종 | 무수히 많은 품종들이 있으며, 식물의 크기, 꽃의 색상과 형태가 다양하다.
번식 | 늦은 봄부터 여름까지 새로 나온 가지의 줄기를 잘라 꽂는다.

최저기온 5°C

Rosa
분화장미 ✻ Miniature Rose

과명 _ 장미과 *Rosaceae*

용도 | 실내, 온실, 일광욕실, 실외에서 기르는 꽃 피는 관목이다.
식물형태 | 소복하게 자라는 작은 장미로, 광택이 나는 진녹색 잎에 향기가 나는 꽃이 핀다. 꽃은 홑꽃 또는 겹꽃으로 꽃잎의 수가 다양하고, 파란색을 제외한 다양한 색상이 있다.
빛과 장소 | 직사광에서 자라며 간접광에도 견딘다.
온도 | 따뜻한 곳과 서늘한 곳에서 기를 수 있다. 서늘한 곳에 놓으면 꽃이 오래 간다. 정원에서 겨울을 날 수 있다.
물 주기 | 토양을 축축하게 유지하고, 화분을 물에 10분 동안 담가 밑에서부터 물을 준다. 건조에 약하다.
비료 | 봄부터 가을까지 관엽식물용 복합비료를 2주에 한 번씩 준다. 겨울에는 주지 않는다.
특별관리 | 꽃봉오리들이 필 수 있는지를 확인하기 위해 이미 꽃이 몇 개 피어 있는 화분을 산다. 오래된 꽃들은 잘라서 새로운 꽃이 필 공간을 확보한다. 꽃이 진 후 가지를 전체적으로 잘라주면, 빛이 충분할 경우 꽃이 다시 핀다. 꽃이 진 후 버리거나 정원에 옮겨 심는다.
해충과 질병 | 진딧물, 거미응애, 잿빛곰팡이병, 흰가루병
품종 | 무수히 많은 품종들이 있으며, 크기, 꽃의 색상과 형태가 다양하다.
번식 | 봄부터 가을까지 줄기를 잘라 꽂는다.

식물 분류

빛

외풍 내성

물 주기

봄 여름 가을 겨울

비료

꽃 피는 계절

최저기온
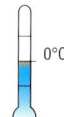 0°C

Saintpaulia ionantha
아프리칸 바이올렛
※ African Violet, Usambara Violet

과명 _ 제스네리아과 *Gesneriaceae*

용도 | 실내, 온실, 여름에는 일광욕실에서 기르는 꽃 피는 관상용 식물이다.
원산지 | 탄자니아
식물형태 | 다년생의 작은 식물로 다육질의 타원형 잎에 털이 나 있다. 진녹색의 잎이 로제트 형태로 나온다. 홑꽃 또는 겹꽃의 꽃은 흰색, 분홍색, 청보라색, 자주색 등을 띠며 노란색 수술이 있다.
빛과 장소 | 그늘, 간접광에서 자란다. 직사광에서는 잎이 노랗게 변한다.
온도 | 따뜻한 곳을 선호하지만, 10도까지는 견딘다.
물 주기 | 화분을 물에 10분 동안 담가 밑에서부터 물을 주고, 토양이 마르면 다시 준다. 겨울에 서늘한 곳에서는 토양을 건조하게 유지한다.
비료 | 봄부터 가을까지 관엽식물용 복합비료를 한 달에 한 번씩 준다. 겨울에는 주지 않는다.
특별관리 | 2년마다 이른 봄 배수가 잘 되는 토양에 분갈이를 한다.
해충과 질병 | 진딧물, 거미응애, 잿빛곰팡이병, 흰가루병
품종 | 식물의 크기, 꽃의 색상과 형태에 따라 다양한 품종이 있다.
번식 | 이른 봄에 포기나누기를 하거나 잎을 잘라 꽂는다.

식물 분류	빛	외풍 내성	물 주기	비료	꽃 피는 계절	최저온도
							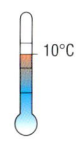 10°C

Sansevieria trifasciata
산세베리아 ※ Snake Plant, Snake Sansevieria

과명 _ 드라세나과 *Dracaenaceae*

용도 | 실내, 온실, 일광욕실에서 기르는 다육식물이며 조형미가 있다.

원산지 | 서아프리카

식물형태 | 생명력이 강한 다육식물로 통통한 대목에 창 같이 생긴 가죽 질감의 잎이 직립으로 자란다. 가운데의 회녹색 줄무늬와 가장자리의 노란색 무늬는 생김새가 다양하다. 향기나는 녹색 꽃은 성근 총상화서를 이룬다.

빛과 장소 | 간접광에서 잘 자라며 직사광에서는 잎이 노랗게 변한다.

온도 | 따뜻한 곳과 서늘한 곳에서 기를 수 있으며, 5도까지 견딘다. 겨울에는 서늘한 곳을 선호한다.

물 주기 | 화분을 물에 10분 동안 담가 밑에서부터 물을 준다. 생장기에는 물을 적게 주고, 토양이 말랐을 때 다시 준다. 나머지 기간 동안 토양을 거의 건조하게 유지한다. 몇 주는 건조해도 견디며 물이 과다할 경우 썩는다.

비료 | 봄부터 가을까지 관엽식물용 복합비료를 한 달에 한 번씩 준다. 겨울에는 주지 않는다.

특별관리 | 너무 어두운 곳에 두면 잎 색깔이 옅어진다. 서늘한 곳(10-15도)에 두도록 한다. 2년 또는 3년마다 봄에 분갈이를 해준다.

해충과 질병 | 쥐똥나무벌레, 깍지벌레, 거미응애

품종 | 하니(Hahnii) 품종의 잎은 타원형이면서 낮은 로제트를 형성하는데, 진녹색이며 가운데에는 연녹색 무늬가 있다.

번식 | 봄에 포기나누기를 하거나 계절에 상관없이 잎을 잘라 꽂는다.

식물 분류	빛	외풍 내성	물 주기		비료	꽃 피는 계절	최저온도
				봄 여름 가을 겨울			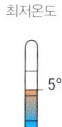 5°C

Saxifraga stolonifera
바위취 ✽ Mother of Thousands, Strawberry Geranium

과명 _ 범의귀과 *Saxifragaceae*

용도 | 실내, 온실, 일광욕실, 여름에는 실외에서 기르는 잎을 관상하는 식물이다. 걸이용 화분에 심거나 땅을 덮는 용도로 사용한다.

원산지 | 중국, 일본

식물형태 | 소복한 다년생 식물로 하트 모양 잎은 털이 나 있고 진녹색이며 로제트를 형성한다. 흰색이나 분홍색 작은 꽃은 무리를 이루어 직립성의 원추화서를 형성한다. 잎은 진녹색이고 엽맥은 은회색, 뒷면은 자주색이다. 가늘고 긴 가지에 뿌리가 달린 새끼식물이 자란다.

빛과 장소 | 그늘과 간접광에서 잘 자라며 직사광을 피한다.

온도 | 따뜻한 곳과 서늘한 곳에서 기를 수 있으며, 5도까지 견딘다. 겨울에는 서늘한 곳을 선호한다.

물 주기 | 사계절 내내 토양을 축축하게 유지하며 건조하지 않도록 한다.

비료 | 봄부터 가을까지 관엽식물용 복합비료를 2주에 한 번씩 준다. 겨울에는 주지 않는다.

특별관리 | 생장이 빠르고 키우기 쉽다. 서늘한 곳(10-15도)에 둔다. 매년 이른 봄에 분갈이를 해준다.

해충과 질병 | 진딧물, 쥐똥나무벌레, 잿빛곰팡이병

품종 | 트리컬러(Tricolor)는 진녹색 작은 잎에 아이보리, 흰색, 분홍색, 연홍색, 진홍색 등의 다채로운 꽃이 핀다.

번식 | 뿌리가 난 새끼식물을 새로 심는다.

     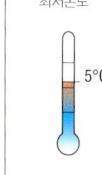

Schefflera arboricola
쉐플레라 ※ 홍콩야자 Heptapleurum, Parasol Plant

과명 _ 두릅나무과 *Araliaceae*

용도 | 실내, 온실, 여름에는 일광욕실에서 기르는 관상식물이다.
원산지 | 타이완
식물형태 | 착생형 관목으로 가죽 질감의 7-11개의 작은 잎이 모여 손바닥 모양을 이루며, 잎자루가 길다.
빛과 장소 | 간접광에서 자라지만 직사광에도 견딘다.
온도 | 따뜻한 곳과 서늘한 곳에서 기를 수 있으며, 5도까지 견딘다.
물 주기 | 물을 규칙적으로 주고, 토양이 말랐을 때 물을 준다. 물이 과다하면 죽는다.
비료 | 봄부터 가을까지 관엽식물용 복합비료를 2주에 한 번씩 준다. 겨울에는 주지 않는다.
특별관리 | 이끼로 덮인 기둥을 지지대로 놓고 기른다. 2-3년마다 이른 봄에 분갈이를 하고, 가지를 잘라 잎이 무성하게 자라도록 한다.
해충과 질병 | 진딧물, 쥐똥나무벌레, 깍지벌레, 거미응애, 잿빛곰팡이병
품종 | 품종에 따라 잎 크기가 다양하며 노란색 무늬가 있는 품종도 있다.
번식 | 어느 계절이든 반쯤 굳은 가지를 잘라 꽂는다.

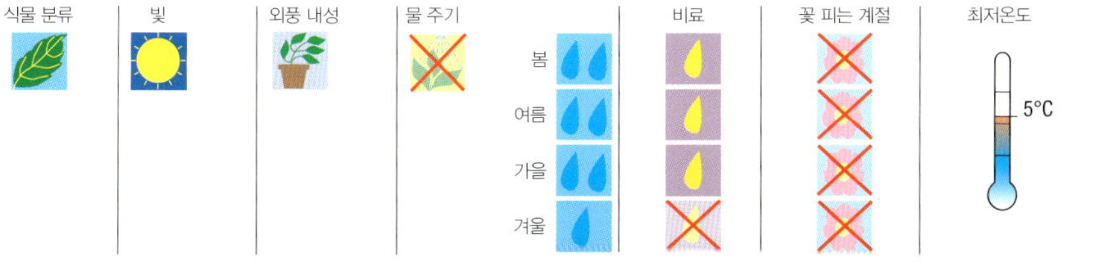

식물 분류	빛	외풍 내성	물 주기		비료	꽃 피는 계절	최저온도
				봄 여름 가을 겨울			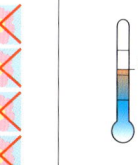 5°C

Schlumbergera x *buckleyi*
크리스마스 선인장
※ 게발 선인장 Holiday Cactus, Christmas Cactus

과명 _ 선인장과 *Cactaceae*

용도 | 실내, 온실, 여름에는 일광욕실에서 기르며 겨울에 꽃이 피는 다육식물이다.
식물형태 | 착생형 다육식물이다. 납작해서 잎처럼 보이는 줄기가 사슬처럼 늘어져 있고 가장자리에는 가시가 있다. 늘어진 줄기의 끝에 꽃이 피며, 흰색, 분홍색, 빨간색 등 밝은 색깔을 띤다.
빛과 장소 | 간접광에서 키운다. 봄부터 가을까지는 직사광을 피한다.
온도 | 따뜻한 곳과 서늘한 곳에서 기를 수 있으며, 15도까지 견딘다.
물 주기 | 물을 많이 주면 식물이 썩는다. 꽃이 피는 동안에 물을 규칙적으로 주고, 토양이 마른 후에 물을 준다. 겨울철에는 서늘한 곳에서 토양을 건조하게 유지한다.
비료 | 생육이 왕성한 꽃 피는 기간에는 약한 비료를 2주에 한 번씩 준다. 나머지 기간에는 주지 않는다.
특별관리 | 이 식물은 가을에 단일조건에서 꽃이 피므로 낮에 12시간 이하로 빛을 쪼이는 조건이 한 달 가량 유지되어야 한다. 2년마다 이른 봄에 배수가 잘되는 이탄 토양에 분갈이를 하고 무성한 생장을 유도하기 위해 가지를 잘라준다.

해충과 질병 | 쥐똥나무벌레, 깍지벌레, 거미응애
품종 | 다양한 꽃 색깔에 따라 많은 품종이 있다.
번식 | 봄부터 여름까지 2-3개의 납작한 줄기를 잘라 꽂는다.

       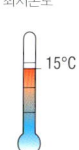

Scindapsus pictus
스킨답서스 ※ Satin Pothos

과명 _ 천남성과 *Araceae*

용도 | 실내, 온실, 일광욕실, 실외에서 기르며 잎을 관상하는 덩굴식물이다. 시렁, 걸이용 화분, 틀 등에 넣고 기르면 좋다.
원산지 | 말레이 반도
식물형태 | 기어가는 덩굴식물로 윤기 나는 잎은 타원형이나 하트 모양이고, 회녹색에 은색 반점이 있다.
빛과 장소 | 모든 빛에서 잘 자라나, 직사광은 피하도록 한다.
온도 | 따뜻한 곳, 서늘한 곳에서 기를 수 있으며, 15도까지 견딘다.
물 주기 | 사계절 물을 규칙적으로 주고, 물 주기 전에 토양이 말랐는지 확인한다. 높은 습도를 유지하기 위해 매주 분무한다.
비료 | 봄부터 가을까지 약한 비료를 2주에 한 번씩 준다. 겨울에는 주지 않는다.
특별관리 | 이 식물은 습도가 높아야 잘 자란다. 기어 올라가는 식물이므로 걸이용 화분, 시렁, 틀 등에서 기르면 좋다. 2-3년마다 봄에 분갈이를 하고 무성한 생장을 유도하기 위해 전정을 한다.

해충과 질병 | 쥐똥벌레, 깍지벌레, 거미응애, 잿빛곰팡이병
품종 | 아르기라에우스(Argyraeus)의 잎은 청록색이고 반점과 가장자리의 무늬는 은색이다.
번식 | 계절에 상관없이 줄기를 잘라 꽂는다.

식물 분류	빛	외풍 내성	물 주기		비료	꽃 피는 계절	최저온도
			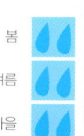 봄 여름 가을 겨울				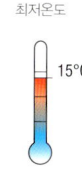 15°C

Sedum burrito
세둠 부리토
※ 당나귀꼬리 세둠 Burro's Tail

과명 _ 돌나물과 *Crassulaceae*

용도 | 실내, 온실, 일광욕실, 여름에는 실외에서 기르는 다육식물이며 조형미가 있다.
원산지 | 멕시코
식물형태 | 통통한 누에고치 모양을 한 회녹색 잎이 줄기에 바짝 붙어 있는 다육식물이다. 줄기 끝에 빨간색이나 분홍색 작은 꽃이 핀다.
빛과 장소 | 직사광에서 잘 자라며 간접광에도 견딘다.
온도 | 따뜻한 곳과 서늘한 곳에서 기를 수 있으며, 5도까지 견딘다. 겨울에는 서늘한 곳을 선호한다.
물 주기 | 봄부터 가을까지 물을 규칙적으로 주고, 토양이 마른 뒤에 물을 준다. 겨울 동안 특히 서늘한 곳에서는 토양을 건조하게 유지한다. 서늘한 곳에서는 건조해도 한 달 가량 견디며 물이 과다할 경우에는 썩는다.
비료 | 봄부터 가을까지 관엽식물용 복합비료를 2주에 한 번씩 준다. 겨울에는 주지 않는다.
특별관리 | 식물이 실외에서 비를 맞지 않도록 주의한다. 겨울에 휴면기간을 갖고, 이때 빛이 있는 서늘한 곳(10-15도)에 둔다. 2-3년마다 이른 봄에 배수가 잘 되는 토양에 분갈이를 해준다.
해충과 질병 | 잿빛곰팡이병
품종 | 모가니아눔(*S. morganianum*)은 방추 모양의 긴 잎이 자란다. 시에볼디(*S. sieboldii*)는 둥근 청록색 잎이 나선형으로 자란다.
번식 | 봄부터 가을까지 포기나누기를 하고, 줄기나 잎을 잘라 꽂아서 번식한다.

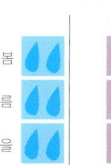

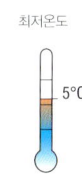

Senecio herreianus
세네시오 ※ 녹영 String of Beads

과명 _ 국화과 *Asteraceae*

용도 | 실내, 온실, 여름에는 일광욕실에서 기르는 다육식물이며 조형미가 있다. 시렁, 걸이용 화분, 틀 등에 놓고 기르면 좋다.
원산지 | 나미비아
식물형태 | 생장이 빠른 다육식물로, 둥글고 다육질이며 푸른빛이 감도는 잎이 가늘고 기는 줄기에 흩어져 있다. 가을에 작은 컵 모양의 작은 흰색 꽃이 줄기 끝에 핀다.
빛과 장소 | 간접광에서 잘 자란다. 직사광에도 견디지만, 잎이 노랗게 변한다.
온도 | 따뜻한 곳과 서늘한 곳에서 기를 수 있으며, 0도까지 견딘다. 겨울에는 서늘한 곳을 선호한다.
물 주기 | 생장기에는 물을 규칙적으로 주고, 토양이 마른 뒤에 물을 준다. 나머지 기간에는 토양을 건조하게 유지한다. 서늘한 곳이면 건조해도 한 달 가량 견딘다.
비료 | 봄부터 가을까지 관엽식물용 복합비료를 한 달에 한 번씩 준다. 겨울에는 주지 않는다.
특별관리 | 이 식물은 지지대를 타고 오르기 때문에 걸이용 화분, 시렁, 틀에서 기르면 좋다. 휴면기인 겨울에는 빛이 드는 서늘한 곳(10-15도)에 둔다. 2년마다 이른 봄에 분갈이를 한다.
해충과 질병 | 진딧물, 흰가루병, 잿빛곰팡이병
품종 | 시트리포르미스(*S. citriformis*)는 레몬 모양 잎이 난다.
번식 | 봄부터 여름까지 포기나누기를 하거나 줄기를 잘라 꽂는다.

식물 분류	빛	외풍 내성	물 주기		비료	꽃 피는 계절	최저온도
					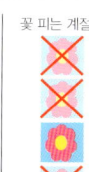	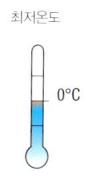	0°C

230

Sinningia
글록시니아 ✻ Brazilian Gloxinia

과명 _ 제스네리아과 *Gesneriaceae*

용도 | 실내, 온실, 여름에는 일광욕실에서 기르는 꽃 피는 식물이다.
원산지 | 브라질
식물형태 | 줄기가 없고 구근이 있는 초본성 식물이며 벨벳 같은 질감의 큰 잎의 가장자리는 둥근 톱니 모양이다. 직립인 종 모양 큰 꽃은 홑꽃 또는 겹꽃이며 흰색, 진홍색, 자주색이다.
빛과 장소 | 간접광을 선호하며 직사광은 피한다.
온도 | 따뜻한 곳에서 기르는 것이 좋으나 겨울에는 서늘한 곳에서 기른다. 휴면기에는 0도까지 견딘다.
물 주기 | 화분을 물에 10분 동안 담가 밑에서부터 물을 준다. 토양을 축축하게 유지하고 마르지 않게 한다.
비료 | 봄과 여름에 관엽식물용 복합비료를 2주에 한 번씩 준다. 가을과 겨울에는 주지 않는다.
특별관리 | 겨울은 휴면기이므로 가을에 식물이 시들기 시작하면 물 주기를 멈춘다. 시든 부위를 제거하고, 구근을 서늘한 곳(5-10도)에 두고 건조하지 않고 성에가 끼지 않게 한다. 이른 봄에 구근을 분갈이 하고 따뜻한 곳으로 옮기고 물을 준다.
해충과 질병 | 진딧물, 잿빛곰팡이병
품종 | 다양한 색깔에 따라 많은 품종이 있다.
번식 | 봄에 구근 또는 잎을 잘라 꽂는다.

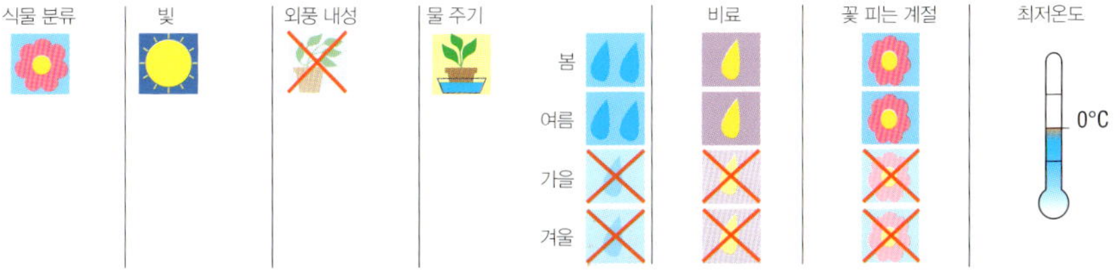

식물 분류	빛	외풍 내성	물 주기		비료	꽃 피는 계절	최저온도
				봄 여름 가을 겨울 			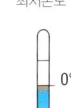 0°C 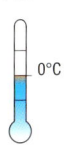

Solanum pseudocapsicum
예루살렘 체리 ※ 옥천 앵두 Jerusalem Cherry

과명 _ 가지과 *Solanaceae*

용도 │ 실내, 온실, 일광욕실, 봄부터 가을까지는 실외에서 기르는 관상용 관목이며 열매가 열린다.
원산지 │ 마데이라 제도
식물형태 │ 무성하게 뻗어 나가는 관목으로 잎은 진녹색의 창 모양이다. 별처럼 생긴 흰색 작은 꽃이 핀 후 둥근 열매가 열리는데, 처음에는 녹색이다가 진홍색 또는 주황색으로 변한다.
빛과 장소 │ 직사광에서 자라며 간접광에서도 견딘다.
온도 │ 따뜻한 곳과 서늘한 곳에서 기를 수 있으며, 0도까지 견딘다. 겨울에는 서늘한 곳에 둔다. 서늘한 곳에서는 열매가 더 오래 간다.
물 주기 │ 건조한 것은 견디지만 물이 과다할 경우 죽는다. 봄부터 가을까지 물을 규칙적으로 주고, 토양이 마른 후에 물을 준다. 겨울에 서늘한 곳에서 기르면 토양을 건조하게 유지하고 따뜻한 곳에서 기르면 물을 충분히 준다.
비료 │ 꽃이 피기 시작할 때부터 열매가 맺힐 때까지 관엽식물용 복합비료를 2주에 한 번씩 주고 그 이후부터 가을까지는 한 달에 한 번씩 준다. 나머지 기간에는 주지 않는다.
특별관리 │ 열매에 독소가 있기 때문에 어린이들에게 닿지 않도록 한다. 휴면기인 겨울에는 빛이 드는 서늘한 곳(5-10도)에 둔다. 매년 봄에 분갈이를 하고 긴 가지들을 잘라준다. 봄에 꽃이 다시 핀다.
해충과 질병 │ 진딧물, 쥐똥벌레, 거미응애, 잿빛곰팡이병
품종 │ 열매의 크기와 색에 따라 많은 품종이 있다.
번식 │ 봄부터 가을까지 새로 나온 가지를 잘라 꽂는다.

식물 분류	빛	외풍 내성	물 주기		비료	꽃 피는 계절	최저온도
			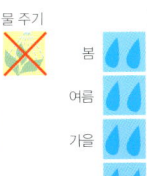 봄 여름 가을 겨울				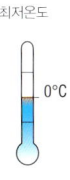 0°C

Soleirolia soleirolii
솔레이롤라이 ※ 물방울풀 Angel's Tears

과명 _ 쐐기풀과 *Urticaceae*

용도 | 실내, 온실, 일광욕실, 봄부터 가을까지는 실외에서 기르는 관엽식물로 조형미가 있다. 땅을 덮는 용도로 이용한다.
원산지 | 유럽
식물형태 | 덩굴성의 키가 작은 초본성식물로 잎이 매우 촘촘하게 자란다. 둥근 풀색의 작은 잎은 실처럼 가는 가지에서 나오고, 눈에 잘 띄지 않는 초록색 꽃은 잎 겨드랑이에서 핀다.
빛과 장소 | 간접광에서 잘 자라며 직사광은 피한다.
온도 | 서늘한 곳을 선호하고, 0도까지 견딘다. 겨울에 서늘한 곳에 두면 꽃의 형성이 촉진된다.
물 주기 | 물을 규칙적으로 주고, 화분을 물에 10분 동안 담가 밑에서 물을 준다. 곰팡이병을 방지하기 위해 잎이나 줄기에 물이 닿지 않도록 한다. 토양이 마르면 물을 주고, 겨울에 기온이 내려가면 토양을 건조하게 유지한다. 높은 습도를 유지하기 위해 자주 분무한다.
비료 | 여름에 약한 비료를 규칙적으로 준다. 나머지 기간에는 주지 않는다.
특별관리 | 습도가 높은 곳에서 기른다. 휴면기인 겨울에는 빛이 드는 서늘한 곳(10-15도)에 둔다. 봄에 빛이 있을 때 가지를 잘라주면 생장이 촉진된다. 매년 봄에 분갈이를 한다.
해충과 질병 | 진딧물, 쥐똥나무벌레, 잿빛곰팡이병
품종 | 잎이 노란색, 회녹색인 품종이 있다.
번식 | 늦은 봄에 포기나누기를 한다.

식물 분류	빛	외풍 내성	물 주기	비료	꽃 피는 계절	최저온도
			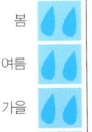			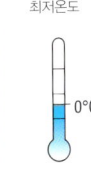

Spathiphyllum wallisii
스파티필럼 ※ Peace Lily

과명_천남성과 *Araceae*

용도 | 실내에서 기르는 꽃 피는 다년초이다.
원산지 | 코스타리카, 파나마, 콜롬비아, 베네수엘라
식물형태 | 초본성 식물로 잎은 광택 나는 진녹색이고, 창 모양 또는 타원형이다. 화려한 흰색 불염포는 육수화서 형태의 노란꽃을 둘러싸고 있다.
빛과 장소 | 그늘과 간접광에서 잘 자라며 직사광은 피한다.
온도 | 따뜻한 곳(18도)을 선호한다. 15도까지는 견딘다.
물 주기 | 봄부터 가을까지 물을 충분히 주고, 겨울 동안 물을 줄인다. 물 속에 있어도 견디며 건조에는 약하다. 높은 습도를 유지하기 위해 자주 분무해준다.
비료 | 봄부터 가을까지 관엽식물용 복합비료를 2주에 한 번씩 준다. 잎이 타거나 꽃이 빨리 지는 것을 방지하기 위해 겨울에는 주지 않는다.
특별관리 | 습도가 높은 곳에서 기른다. 계절에 상관없이 오래된 꽃줄기들을 잘라주고, 매년 봄에 분갈이를 한다.
해충과 질병 | 거미응애, 잿빛곰팡이병
품종 | 식물 및 꽃의 크기가 다양한 많은 품종들이 재배된다.
번식 | 봄에 포기나누기를 한다.

Stephanotis floribunda
마다가스카르 자스민
✻ Madagascar Jasmine, Wax Flower, Floradora

과명 _ 박주가리과 *Asclepiadaceae*

용도 | 실내, 온실, 일광욕실에서 기르는 꽃 피는 덩굴식물이다. 지지대가 필요하며, 작은 시렁에 기르면 좋다.
원산지 | 마다가스카르
식물형태 | 열대산 덩굴식물로 가죽 질감의 타원형 잎이 줄기를 중심으로 마주보고 자라고, 윤기 나는 흰 꽃은 관 모양이며 향기가 난다.
빛과 장소 | 간접광에서 기른다. 직사광에서는 잎이 마르므로 봄부터 가을까지는 특히 조심한다.
온도 | 따뜻한 곳과 서늘한 곳에서 기를 수 있으며, 15도까지 견딘다. 겨울에는 서늘한 곳에 둔다.
물 주기 | 꽃이 피는 동안 토양을 축축하게 유지하는데, 건조하면 꽃봉오리들이 떨어진다. 겨울에는 서늘한 곳에서 토양을 건조하게 유지한다.
비료 | 봄부터 가을까지 관엽식물용 복합비료를 2주에 한 번씩 준다. 겨울에는 주지 않는다.
특별관리 | 제대로 꽃을 피우려면 꽃이 한 개 이상은 핀 식물을 선택해서 산다. 꽃이 핀 동안에는 바람이 없는 곳에 둔다. 가을에서 이른 봄까지 꽃봉오리의 형성을 촉진하기 위해 빛이 잘 드는 서늘한 곳(15-20도)에 둔다. 2-3년마다 이른 봄에 분갈이를 하고 긴 줄기들은 잘라준다.
해충과 질병 | 진딧물, 쥐똥벌레, 깍지벌레, 거미응애, 잿빛곰팡이병
품종 | 없음
번식 | 계절에 상관없이 새로 나온 가지 또는 마디가 있는 반쯤 굳은 가지를 잘라서 번식시킨다. 번식상에서 키우고, 온도를 20-25도로 유지한다.

식물 분류	빛	외풍 내성	물 주기		비료	꽃 피는 계절	최저온도
			 봄 여름 가을 겨울		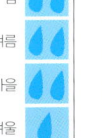		 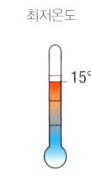 15°

Streptocarpus
스트렙토카푸스
✻ Twisted Stalk, Cape Primrose

과명 _ 제스네리아과 *Gesneriaceae*

용도 | 실내, 온실, 일광욕실, 여름철에는 실외에서 기르는 꽃 피는 식물이다.
식물형태 | 소복하게 자라는 초본성 다년생 식물로 크고 넓은 타원형 잎이 난다. 꽃은 기울어진 관 모양이다.
빛과 장소 | 간접광에서 기르며 직사광은 피한다.
온도 | 따뜻한 곳과 서늘한 곳에서 기를 수 있으며, 5도까지 견딘다.
물 주기 | 봄부터 가을까지 토양을 축축하게 유지하고, 화분을 물에 10분 동안 담가 밑에서부터 물을 준다. 기온이 낮은 겨울에는 물을 적게 준다. 잎에 찬 물이 닿지 않게 한다.
비료 | 봄부터 가을까지 약한 비료를 2주에 한 번씩 준다. 겨울에는 주지 않는다.
특별관리 | 매년 이른 봄에 배수가 잘 되는 토양으로 분갈이를 한다.
해충과 질병 | 진딧물, 쥐똥벌레, 거미응애
품종 | 흰색, 분홍색, 빨간색, 자주색, 파란색 등 꽃의 색에 따라 다양한 품종이 있다.
번식 | 봄부터 가을까지 줄기의 끝 또는 잎을 잘라 꽂거나 봄에 포기나누기를 한다.

식물 분류	빛	외풍 내성	물 주기		비료	꽃 피는 계절	최저온도
				봄 여름 가을 겨울	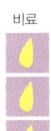		 5°C

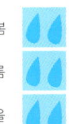

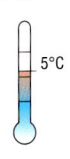

Syngonium podophyllum
싱고니움 ※ Arrowhead Vine

과명 _ 천남성과 *Araceae*

용도 | 실내, 온실, 일광욕실에서 기르는 관엽식물로 생명력이 강하다. 걸이용 화분과 틀에 기르기 좋다.
원산지 | 멕시코, 과테말라, 엘살바도르, 코스타리카
식물형태 | 소복하게 자라는 덩굴식물로 잎은 화살촉 모양이며 크고 황녹색이다.
빛과 장소 | 그늘이나 간접광에서 기르며 직사광은 피한다.
온도 | 따뜻한 곳이나 서늘한 곳에서 기를 수 있으며, 15도까지 견딘다.
물 주기 | 토양을 축축하게 유지한다. 건조하거나 물이 과다할 경우 잎이 노랗게 변한다. 높은 습도를 유지하기 위해 자주 분무해준다.
비료 | 봄부터 가을까지 관엽식물용 복합비료를 2주에 한 번씩 준다. 겨울에는 주지 않는다.
특별관리 | 기어 올라가는 식물이므로 격자구조물, 틀, 걸이용 화분에 이상적이고, 습도가 높아야 잘 자란다. 2-3년마다 봄에 분갈이를 하고 무성한 생장을 촉진하기 위해 가지를 잘라준다.
해충과 질병 | 진딧물, 깍지벌레, 거미응애
품종 | 애로우(Arrow)품종은 잎이 크고 초록색이며 잎맥이 흰색이므로 관상가치가 있다. 픽시(Pixie) 품종은 풀색 잎에 황녹색 엽맥이 있다. 화이트 버터플라이(White Butterfly)는 황녹색 잎에 진녹색의 엽맥이 있다.
번식 | 여름에 잎의 눈이나 새로 나온 가지의 끝을 잘라 꽂는다.

식물 분류	빛	외풍 내성	물 주기	비료	꽃 피는 계절	최저온도
				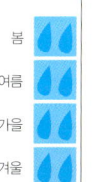		 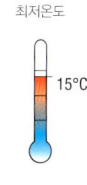 15°C

Tillandsia cyanea
틸란드시아 ※ Pink Quill

과명 _ 파인애플과 *Bromeliaceae*

용도 | 실내, 온실, 일광욕실, 여름에는 실외에서 기르는 꽃 피는 파인애플과 식물이며, 생명력이 강하다.
원산지 | 에콰도르
식물형태 | 다년생 착생식물로 직립성인 진녹색 잎들이 로제트를 형성한다. 납작하고 옅은 분홍색 포엽과 보라색 꽃이 작지만 화려한 수상화서를 이룬다.
빛과 장소 | 적응하는 빛의 범위가 넓지만, 직사광은 피한다.
온도 | 따뜻한 곳, 서늘한 곳에서 기를 수 있으며, 5도까지 견딘다.
물 주기 | 로제트에 실온의 물을 준다. 몇 주 가량은 건조해도 견딜 수 있지만, 자주 분무하는 것이 좋다.
비료 | 봄부터 가을까지 로제트 안에 약한 비료를 한 달에 한 번씩 준다. 겨울에는 주지 않는다.
특별관리 | 습도가 높아야 하며 로제트 안은 기온이 낮을 때를 제외하고 물을 항상 머금고 있어야 한다. 봄에 분지를 잘라 분에 심어준다.
해충과 질병 | 쥐똥나무벌레, 깍지벌레, 거미응애
품종 | 아니타(Anita)는 넓은 잎에 화려한 색깔의 포엽과 꽃이 있다. 플라벨라타(*C. flabellata*)는 화려한 빨간색의 포엽들로 이루어진 폭이 좁은 수상화서가 형성된다.
번식 | 봄에 모식물로부터 분지를 나눠서 번식시킨다.

식물 분류
빛
외풍 내성
물 주기
비료
꽃 피는 계절
최저기온 5°C

브라질 달개비

Tradescantia fluminensis

※ 트라데스칸티아 Wandering Jew

과명 _ 닭의장풀과 *Commelinaceae*

용도 | 실내, 온실, 여름에는 일광욕실에서 기르는 덩굴식물이다. 지피식물로 이용한다. 일부 품종들은 걸어 놓기에 적합하다.
원산지 | 브라질 남동부, 아르헨티나
식물형태 | 자유롭게 자라는 덩굴식물로 잎이 타원형이며 광택이 나고 다양한 무늬와 색상이 있다. 마디마다 뿌리가 생긴다.
빛과 장소 | 간접광에서 기르고 직사광은 피한다.
온도 | 따뜻한 곳과 서늘한 곳에서 기를 수 있으며, 5도까지 견딘다.
물 주기 | 사계절 물을 규칙적으로 주고, 토양이 마르면 물을 준다.
비료 | 봄부터 가을까지 관엽식물용 복합비료를 2주에 한 번씩 준다. 겨울에는 주지 않는다.
특별관리 | 빨리 자라는 식물이다. 이른 봄에 무성한 생장을 유도하기 위해 가지를 잘라준다. 2년마다 봄에 분갈이를 한다.
해충과 질병 | 진딧물, 거미응애, 온실가루이, 잿빛곰팡이병
품종 | 실달개비(*Gibasis geniculata*)의 잎은 광택 나는 올리브색이고, 뒷면은 자주색이며 흰색 작은 꽃과 함께 긴 가지에 달린다. 스파타케아(*T. spathacea*)는 줄무늬가 있는 생명력 강한 잎이 로제트를 형성하고, 작은 흰색 꽃들이 배 모양 포엽으로 둘러싸여 있다.
번식 | 계절에 상관없이 가지를 잘라 꽂거나 봄에 포기나누기를 한다.

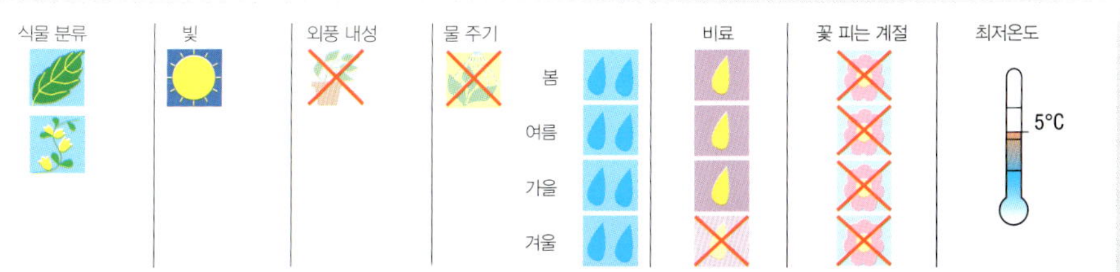

식물 분류	빛	외풍 내성	물 주기		비료	꽃 피는 계절	최저온도
				봄 여름 가을 겨울			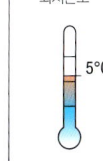 5°C

Vriesea splendens
브리세아 ※ Flaming Sword

과명 _ 파인애플과 *Bromeliaceae*

용도 │ 실내, 온실, 일광욕실, 여름에는 실외에서 기르는 꽃 피는 파인애플과 식물이며, 생명력이 강하다.

원산지 │ 베네수엘라, 수리남

식물형태 │ 줄기가 없는 파인애플과 식물로 가죽 느낌의 진녹색 잎에 자주색 가로 무늬가 있다. 칼 모양의 연홍색, 주황색의 포엽과 노란색의 꽃은 긴 수상화서를 이룬다.

빛과 장소 │ 적응하는 빛의 범위가 넓지만 직사광은 피한다.

온도 │ 따뜻한 곳과 서늘한 곳에서 기를 수 있으며, 5도까지 견딘다.

물 주기 │ 로제트 통 안에 실온의 물을 준다. 몇 주 가량은 건조해도 견디지만, 높은 습도를 유지하기 위해 자주 분무해준다.

비료 │ 봄부터 가을까지 약한 비료를 규칙적으로 로제트 안에 준다. 겨울에는 주지 않는다.

특별관리 │ 습도가 높아야 하며 로제트는 기온이 낮을 때를 제외하고는 물을 항상 머금고 있는 것이 좋다. 봄에 분지를 옮겨 심는다.

해충과 질병 │ 쥐똥나무벌레, 깍지벌레, 거미응애

품종 │ 많은 품종과 종들이 재배된다. 애니(Anni)는 광택이 나는 진녹색 잎에 빨간색, 노란색의 포엽이 있다. 크리스티나(Christina)는 넓은 잎과 광택 나는 빨간색 포엽으로 이루어진 큰 수상화서가 있다. 파이어(Fire)의 꽃은 불타는 주황색에 칼 모양을 한 수상화서를 이룬다.

번식 │ 봄에 분지를 분리해서 번식시킨다.

Yucca elephantipes
무자 유카
✽ Elephant Yucca

과명_용설란과 *Agavaceae*

용도 | 실내, 온실, 일광욕실, 여름에는
실외에서 기르는 관엽식물로 생명력이 강하며
조형미가 있다.
원산지 | 멕시코, 과테말라
식물형태 | 주간이 있는 나무로 진녹색 잎이 로제트
형태로 나온다. 잎은 가죽 질감에 가장자리가 거칠고,
줄기 끝이 연하다.
빛과 장소 | 직사광에서 잘 자라며 간접광에서도
견딘다.
온도 | 따뜻한 곳과 서늘한 곳에서 기를 수 있으며,
0도까지 견딘다. 겨울에는 서늘한 곳에 둔다.
물 주기 | 물을 규칙적으로 주고, 토양이 마르면 물을
준다. 겨울에는 물을 적게 준다.
비료 | 봄부터 가을까지 관엽식물용 복합비료를 2주에
한 번씩 준다. 겨울에는 주지 않는다.
특별관리 | 이른 봄에 목본성의 주간과 가지를
잘라준다. 휴면기인 겨울에는 빛이 드는 서늘한
곳(10-15도)에 둔다. 2-3년마다
이른 봄에 분갈이를 한다.
해충과 질병 | 진딧물, 쥐똥나무벌레, 깍지벌레,
거미응애
품종 | 퍼크(Puck) 품종은 연녹색 잎에 가장자리가
희다.
번식 | 늦은 겨울 또는 이른 봄에 포기나누기를 한다.
봄부터 가을까지 연한 가지, 봄에는 눈을 잘라 꽂아서
번식시킨다.

Zamioculcas zamiifolia
소철 고사리 ✲ Arum Fern

과명 _ 천남성과 Araceae

용도 | 실내, 온실, 여름에는 일광욕실에서 기르는 관엽식물로 생명력이 강하며 조형미가 있다.
원산지 | 아프리카 동부 열대지역.
식물형태 | 생장이 느린 직립의 다육식물로 구근을 형성한다. 우상복엽의 큰 잎은 광택이 나는 진녹색을 띠며 잎자루가 부풀어 있다.
빛과 장소 | 직사광에서 그늘진 곳까지 적응하는 빛의 범위가 넓다.
온도 | 따뜻한 곳에서 잘 자라지만 겨울에는 서늘한 곳이 적합하다. 15도까지 견딘다.
물 주기 | 생장기에는 물을 규칙적으로 주고, 토양이 마른 후에 물을 준다. 건조해도 잘 견디지만 물이 과다할 경우 잎이 노랗게 변하면서 떨어진다. 겨울에는 물을 적게 준다.
비료 | 봄부터 가을까지 관엽식물용 복합비료를 한 달에 한 번씩 준다. 겨울에는 주지 않는다.
특별관리 | 2-3년마다 이른 봄에 분갈이를 해준다.
해충과 질병 | 진딧물, 거미응애
품종 | 없음
번식 | 이른 봄에 작은 잎들을 잘라 꽂아서 번식한다. 작은 잎들을 새로 심으면 구근이 형성되고 어린 식물이 자란다.

식물 분류

빛

외풍 내성

물 주기

비료

꽃 피는 계절

최저기온
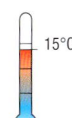 15°C

Zantedeschia
칼라 ※ 칼라릴리 Calla, Calla Lily

과명 _ 천남성과 *Araceae*

용도 | 실내, 온실, 일광욕실, 봄부터 가을까지는 실외에서 기르는 꽃 피는 관상용 식물이다.

식물형태 | 다년생의 초본성 구근식물이다. 세련된 꽃과 매혹적인 잎이 있다. 화려하고 트럼펫 모양인 불염포가 굵은 줄기에서 피는데, 순백색, 노란색, 복숭아색, 분홍색, 빨간색, 자주색 등 밝은 색깔이다. 창이나 화살 모양을 한 큰 잎은 황녹색, 진녹색이고 흰 점이 있기도 하다.

빛과 장소 | 직사광에서 그늘진 곳까지 적응하는 빛의 범위가 넓다.

온도 | 따뜻한 곳과 서늘한 곳에서 기를 수 있으며, 5도까지 견딘다. 식물을 서늘한 곳에 두면 꽃의 수명이 길어지고 색깔도 선명해진다.

물 주기 | 물을 규칙적으로 주고, 토양이 마르면 물을 준다. 물을 너무 많이 주면 썩어서 죽는다.

비료 | 주지 않는다.

특별관리 | 가을에 시들고 꽃이 다시 피지 않기 때문에, 꽃이 진 후 버리도록 한다.

해충과 질병 | 진딧물, 거미응애

품종 | 불염포의 색깔에 따라 많은 교배종들이 있다. 에티오피카(*Z. aethiopica*)는 순백색 불염포에 하트 모양을 한 진녹색 잎이 있다.

번식 | 봄에 근경을 나누어서 번식시키거나, 봄에 씨를 뿌린다.

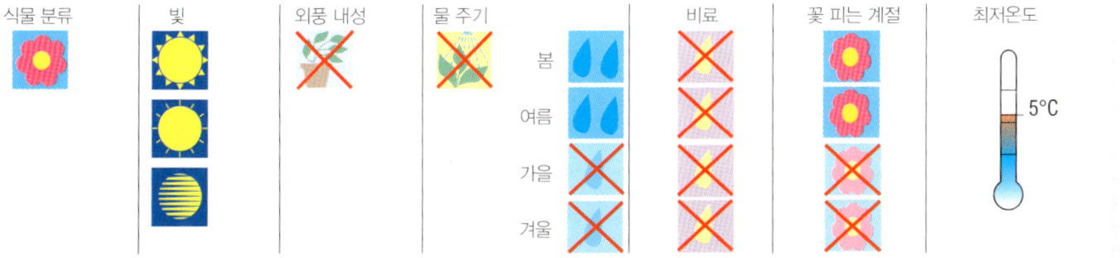

식물 분류	빛	외풍 내성	물 주기	비료	꽃 피는 계절	최저온도
						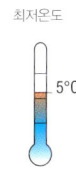 5°C

용어풀이

관목 shrub | 가지가 많은 목본성의 줄기가 있지만 나무보다 상대적으로 작은 식물.
관엽식물 foliage plant | 아름다운 잎을 감상하기 위해 키우는 식물. 꽃은 화려하지 않은 경우가 많다.
괴경 tuber | 덩이줄기. 땅 속의 줄기가 비대해져 영양분을 저장하고 다음 해에 생장이 이루어지는 기관. 시클라멘, 글록시니아, 감자, 아네모네 등에 있다.
교목 large plant | 목질인 곧은 줄기가 있고 줄기와 가지의 구별이 명확하며 중심줄기의 생장이 현저한 다년생 수목.
구근 bulb | 다음 해 생장에 필요한 양분을 저장하고 새순을 여러 겹으로 보호하며 땅 속이나 지표면에 있는 비대한 기관.
근경 rhizome | 땅 속에서 옆으로 기어가는 두꺼운 줄기로 눈과 뿌리가 여기에서 발달한다. 칸나, 생강, 은방울꽃 등에 있다.
근분 rootball | 화분에서 식물을 들어내면 보이는 뿌리와 그 주변에 붙어 있는 흙.
공기뿌리, 기근 aerial root | 지상부의 줄기로부터 공기 중에 노출되어 자라는 뿌리를 말하며, 필로덴드론, 몬스테라와 같이 공기 중에서 수분을 흡수하는 식물에서 볼 수 있다.
낙엽성 deciduous | 겨울 휴면기에 잎을 떨어뜨린 상태로 월동하는 나무를 설명하는 용어.
다육식물 succulent | 수분을 저장할 수 있도록 잎과 줄기가 두툼해진 식물.
단일식물 short-day plant | 하루의 낮 길이가 일정 시간보다 짧아졌을 때 개화가 유발되거나 촉진되는 식물.
덩굴성식물 climbing plant | 덩굴처럼 자라는 식물로 줄기의 마디에서 뿌리가 자란다.
두상화서 capitate | 여러 꽃이 꽃대 끝에 머리 모양으로 엉겨 붙어 피어서 한 송이처럼 보이는 꽃. 국화, 민들레 등.
로제트 rosette | 줄기의 중심에서 잎이 모여서 방사형으로 나오는 배열. 뿌리에 잎이 바로 붙어 있는 것처럼 보인다.
모식물 parent plant | 번식의 근원이 되는 식물.
목본성 식물 woody plant | 목질부가 잘 발달한 줄기가 있는 다년생의 식물을 말한다.
번식 propagation | 씨 또는 모식물에서 줄기꽂이나 포기나누기 등의 방법으로 새로운 식물을 얻는 기술을 말한다.
번식상 propagation blanket | 줄기꽂이 등의 방법으로 식물을 번식할 때 사용하는 상자 또는 도구를 말하며, 일반적으로 20–25도를 유지해야 한다.
분지, 작은 식물체, 새끼화초 plantlets, offsets | 분지는 모식물로부터 자연스럽게 자라는 새로운 식물체로 자르면 번식이 가능하다. 일반적으로 짧고 통통한 줄기가 로제트 형태를 이루는 경우에 분지라고 한다. 작은 식물체는 모식물의 줄기나 기는 줄기에서 나오는 새순을 말한다.
불염포 spathe | 화려한 색상의 큰 포엽으로 육수화서를 보호하는 역할을 한다. 안스리움, 스파티필럼 등에 있다.
산형화서 umbel | 줄기 끝에 방사상으로 가지에 달린 작은 꽃이 피는 형태의 화서.
생물학적 방제 biological control | 농약을 사용하지 않고, 천적이나 미생물 등을 이용하여 해충 및 병을 방제하는 것을 말한다.
생장점 growing tip | 세포분열을 통해 식물체의 새로운 조직이나 기관을 생성하는 부분.
수상화서 spike | 가지 없이 작은 꽃들이 달려 있는 긴 화서. 꽃이 줄기에 바로 붙어서 나온다.
식충성 insectivorous | 곤충이나 작은 동물을 잡아먹는 식물을 일컫는 용어로 동물 조직을 소화시켜 질소원과 다른 영양분을 이용한다. 육식성(carnivorous)이라 부르기도 한다.
열편 lobe | 잎이나 포엽 같은 기관의 주요 부분에서 일부 분리된 것으로 잎 둘레가 갈라진 작은 잎 또는 중간쯤에서 갈라진 잎의 한 부분이다. 통꽃의 입구에서 꽃잎처럼 나누어진 부분에도 사용되는 용어이다.
엽면시비 foliar feed | 식물 잎에 물에 탄 비료를 직접 분무하는 방법. 영양분이 빨리 흡수된다.
외풍 내성 draught tolerance | 외풍을 견딜 수 있는

기호설명

접은 면을 펼치면 이 책에 사용한
기호의 설명을 쉽게 찾아 볼 수 있다.

찾아보기

＊ㄱ
가지과 79, 233
거베라 137
게발 선인장 223
겟미 77
겨우살이 고무나무 127
고사리 아랄리아 208, 209
고사리과 35, 207
골드스타 98
골풀 153
골풀과 153
공작고사리과 197
관상고추 79
관음죽 211
괭이밥과 187
구즈마니아 141
국화과 137, 201, 229
군자란 97
귀면각기둥선인장 81
글로리오사 139
글록시니아 231
금감류 131
금호 113
길포일레이 208
꼬리고사리과 62
꼭두서니과 71, 99, 135, 182
꽃기린 12, 115
낑깡류 131

＊ㄴ
나막신꽃 177
난초과 105, 109, 165, 171, 185, 189, 203
네리폴리아 43
네마탄서스 177
네오레겔리아 179
노미옥 164

녹나무 161
녹영 229

＊ㄷ
닭의장풀과 245
당귀꼬리 세듐 227
대극과 31, 98, 115, 117, 118, 119
데니아 53, 69
데페이 187
덴드로비움 109
델토이데아 127
도금양과 75, 163, 175
돌나물과 101, 157, 159, 160, 227
두릅나무과 121, 143, 208, 209, 221
두비옴 186
둥근잎 아랄리아 208, 209
드라세나 마지나타 112
드라세나과 63, 112, 217
디스컬러 89
디펜바키아 111
떡갈잎 고무나무 129

＊ㄹ
러브체인 83
레드 에메랄드 205
레몬 91
렉스 베고니아 67
로라 51
로레인 65
로스쉴디아나 139
롬비폴리아 89
롱기브락테아툼 186
루디시아 디스컬러 165
루벤스 38
루피바르바 74
리갈제라늄 193
리네아리스 149
리돔스 164
리사 35

릴리아나 199

＊ㅁ
마다가스카르 바위솔 160
마다가스카르 자스민 239
마란타 169
마란타과 74, 169
마르가리타 131
마르모라투스 38
마리아 크리스티나 41
마블퀸 114
마이어 60
마코야니 74
마편초과 95
만데빌라 167
말라코이데스 210
머틀 175
메가포다미쿰 29
메스니 151
메이엔도르피 179
모가니아눔 227
모나리자 38
몬스테라 173
몬스트로서스 81
무자 유카 248
물밤나무과 188
물푸레나무과 151, 183
미나리아재비과 93
미니 포도담쟁이 89
미라벨라 159
미트리포르미스 47
밀리 119
밀토니아 171

＊ㅂ
바늘꽃과 133
바우취 219
바이컬러 112
박주가리과 83, 149, 239
박쥐란 207
밤비노 129
방울풀 182

백량금 59
벌레잡이통풀 180
벌레잡이통풀과 180
범의귀과 219
베고니아과 65, 67
베라디퍼플 69
베리에가타 39, 47, 121
베이치아이 135
벤자민 고무나무 123
병솔나무 75
보스톤 고사리 181
보스톤이엔시스 181
보웨리 67
볼리비엔시스 167
봉작고사리 35
부겐빌레아 69
부바르디아 71
분꽃과 69
분화장미 213
불가리스 210
불카누스 115
붉은잎 필로덴드론 205
뷰카르네아 63
브라질 달개비 245
브론즈 비너스 35
브리세아 247
블란치타 43
블랙 벨벳 45
비티폴리아 191
빅토리아 레지나 39
빌라프란카 91
뽕나무과 123, 125, 127, 129

＊ㅅ
사랑초 187
사초과 106
산데르소나 83
산데리 167
산데리아나 112
산세베리아 217
새우풀 155

석류풀과 164
선녀무 157
선인장과 55, 81, 113, 223
세네시오 229
세듐 부리토 227
세인 100
세타케우스 60
소철 103
소철 고사리 249
소철과 103
소페도 블루 벨 77
솔레이롤라이 235
수국 150
수국과 150
수박 페페로미아 198
수선화과 97, 147
수아베올렌스 72
수페르붐 207
쉐플레라 221
스킨답서스 225
스트렙토카푸스 241
스트리카 39
스파타케아 245
스파티필럼 237
스페시오숨 95
스프렌게리 60
스플렌덴스 75
시계초 191
시계초과 191
시에볼디 227
시클라멘 104
시트리나 191
시트리포르미스 229
시페루스 106
실달개비 245
실버 드와프 43
실버퀸 41
심비디움 105
싱고니움 243
쐐기풀과 235

＊ㅇ
아글라오네마 41
아니타 244
아데노필라 187
아데니움 33
아디안텀 35
아라우카리아 57
아라우카리아과 57
아레움 114
아레카야자 87
아르기라에우스 225
아르보레아 72
아리노스 51
아리폴리아 198
아마릴리스 147
아부틸론 29
아스파라거스 60
아스파라거스과 60
아우레아 72
아욱과 29, 145
아잘레아 212
아칼리파 31
아쿠바폴리아 98
아티쿨라타 187
아펠란드라 53
아프리칸 159
아프리칸 바이올렛 215
안스리움 51
안타르티카 89
안티쿰 62
알라만다 43
알렉산드라 69
알로에 47
알로에과 47
알로카시아 45
알리스 뒤퐁 167
애니 247
얘로우 243
앤서리카세아과 86
앤젤 193
앵초과 104, 210
야자과 85, 87, 148, 211

에스키난서스 38
에크메아 37
에티오피카 251
에푸수스 153
에피프레넘 12, 114
엑사쿰 120
엘라티올 베고니아 65
엘라티카 129
엽란 61
예루살렘 체리 233
오니소갈럼 186
오니토링쿰 185
오피시날레 151
옥살리스 187
옥천 앵두 233
온시디움 185
올리브 183
용담과 120
용설란 39
용설란과 39, 248
우간덴스 95
운향과 91, 131
월계수 161
월리치 95
웬디 159
유포르비아 트리고나 119
유포르비아 티루칼리 118
은매화 175
은방울꽃과 61
이소필라 77
인볼루크라투스 106
임페리얼 91
임페리얼 레드 205

＊ㅈ
자금우과 59
자스민 151
장미과 213
접란 86
제라늄 195
제브리나 74
제스네리아과 38, 100,
 177, 215, 231, 241
제퍼시 75
좁은잎 고무나무 125
종려죽 211
주무카 106
줄고사리과 181
쥐꼬리망초과 53, 155
쥐꼬리선인장 55
쥐손이풀과 193, 195
지모과 49
진달래과 212

＊ㅊ
채운각 119
챔피온 51
천남성과 41, 45, 51, 73,
 111, 114, 173, 205, 206,
 225, 237, 243, 249, 251
천사의 나팔꽃 72
청산호 118
초롱꽃과 77
치자나무 135

＊ㅋ
카나리엔시스 143
칸디다 72
칼라 251
칼라데아 74
칼라디움 73
칼랑코에 15, 159
칼랑코에 토멘토사 160
칼리도라 45
캄파눌라 77
캐롤라인 38
캥거루발톱 49
커피나무 99
켄차 야자 148
코스타리카나 85
코시네아 101
콜룸네아 100
콜치카세아 139
크라슐라 101

크라카타우 100
크로톤 98
크리스마스 선인장 223
크리스티나 247
클라리네비움 51
클레로덴드롬 95
클레마티스 93

＊ㅌ
테디주니어 181
테이블야자 85
트라데스칸티아 245
트리컬러 219
트리컬러 퍼펙타 179
티루칼리 119
티르시폴리아 157
틸란드시아 244

＊ㅍ
파리 39
파이어 247
파인애플과 17, 37, 141, 179, 244, 247
파초일엽 62
파키라 188
파타야 뷰티 41
파피오페딜룸 189
팔레놉시스 203
팔손이 121
팔카타 197
팔카투스 60
패시네이터 169
퍼크 248
페리칼리스 201
페트라 98
페페로미아 카페라타 199
펠라에아 로툰디폴리아 197
포도과 89
포스차르스키아나 77

포인세티아 117
폰데로사 91
폴리 45
폴리시아스 208
푸그니포르미스 119
프리뮬라 오브코니카 210
프리츠루씨 35
프티아브니르 203
플라벨라타 244
플란드리아 179
픽시 243
필로덴드론 스칸덴스 206
필로덴드론 에루베스켄스 205

＊ㅎ
하니 217
하와이 무궁화 145
하트 필로덴드론 206
핸더소니아이 43

행운목 112
헤데라 143
협죽도과 33, 43, 167
호스탁 100
호야 149
호접란 203
호주 매화 163
혼트리 101
홍엽란 165
화이트 버터플라이 243
환금감 131
후추과 198, 199
후쿠샤이 131
후크시아 133
히야신스과 186

일러두기

이 책에 실린 자료를 제공해주고 충고를 해준 플로라-데니아에 감사드린다.
14쪽의 사진 ⓒElizabeth Whiting & Associates/CORBIS.
이 책에 실린 식물 사진의 일부는 클리프톤 화원(Clifton Nurseries Ltd)에서 제공했다.
그 외의 모든 사진과 그림의 저작권은 Quarto Publishing plc.가 가지고 있다.

저자 및 역자 약력

도테 니센
덴마크 출신. 다양한 식물 수집가이자 열성적인 정원사이다. 식물학과 생물학 석사학위를 취득한 후 코펜하겐의 대학병원에서 알러지와 면역학 전문가로 활동하면서 식물을 의학적으로 활용하는 방법을 연구하고 있다.

권혜진
서울대학교 원예학과를 졸업하고 동 대학원에서 석사와 박사 학위를 받은 후 연세대학교에서 강의했다. 현재 천안연암대학 겸임교수이며 서울여대와 계원예술조형대학에 출강하고 있다.

심명선
서울대학교 원예학과를 졸업하고 동 대학원에서 석사 학위를 받은 후 박사 과정을 수료했다. 현재 농촌진흥청 원예연구소 연구원으로 재직 중이다.